Mit Werbebriefen mehr verkaufen

Wie Sie Werbebriefe zielgerich-
tet verfassen und Ihre Kunden
überzeugen - inkl. Checkliste

Carsten Meinders

INHALT

Vorwort

Das grundlegende Ziel eines jeden Unternehmens ist es, den Wert des Betriebes für die Aktionäre zu steigern. Unabhängig davon, ob Sie eine große Resonanz auf eine Zeitungs- oder Zeitschriftenanzeige, einen Direktverkaufsbrief oder eine Internetseite erzielen wollen, müssen Sie sich über folgende grundlegende Tatsache im Klaren sein:

„Was ist es, das Ihr Unternehmen ausmacht?" Ein wichtiges und häufig genutztes Instrument der Marketingkommunikation ist der Werbebrief. Er kann Ihren Kundenstamm aufbauen und Ihren Umsatz steigern.

Was ist so besonders an Werbebriefen, die immer gelesen werden? Was ist das Besondere an den Werbebriefen, die Produkte verkaufen? Was ist das Geheimnis von Werbebriefen, die die Leser bis zur letzten Zeile lesen? Warum kaufen wir auf der Grundlage mancher Werbebriefe und nicht auf der Grundlage anderer, obwohl sie die gleichen Vorteile und Merkmale bieten?

Jeder kann einen wunderbaren Werbebrief schreiben. Sicher, Sie müssen vielleicht einige neue Fähigkeiten erlernen. Aber die berühmten Werbetexter von heute wurden nicht mit dem Wissen geboren, wie man gute Werbebriefe schreibt.

Sie haben alle bei null angefangen. Sie hatten auch ihre anfänglichen Schwierigkeiten und Misserfolge. Aber sie haben durchgehalten. Wenn Sie erst einmal wissen, wie man das Spiel spielt, werden Sie selbst feststellen, dass das Schreiben eines wirksamen Werbebriefs ein Kinderspiel ist.

Dieses E-Book führt Sie Schritt für Schritt durch den Prozess des Verfassens eines effektiven Werbebriefs, angefangen bei der Frage, was Ihr Ziel ist, über die grundlegenden Elemente eines Werbebriefs bis hin zu wertvollen Tipps, wie Sie

Ihren Werbebrief verbessern können, um den Umsatz zu steigern ... Sie werden alles in diesem E-Book finden.

Viel Spaß beim Lesen.

Kapitel 1 – Einleitung

ALLES ÜBER EINEN WERBEBRIEF

Ein Verkaufsbrief ist ein Dokument, das den Verkauf fördern soll. Es soll den Leser dazu bewegen, eine Bestellung aufzugeben oder Informationen über ein Produkt oder eine Dienstleistung anzufordern. Das grundlegende Ziel ist es, den Leser zu einer bestimmten Handlung zu motivieren.

Ergebnisse meiner Forschung und Entwicklung

„Ich wende mich an Sie, um Sie über die wirklich großartige Waschmaschine zu informieren, die ich entwickelt habe. Zunächst einmal weiß ich, dass sie wunderbar ist, weil ich mich jahrelang mit Waschmaschinen aller Art beschäftigt habe. Dann habe ich meinen Bereich Forschung und Entwicklung (F&E) auf alle Arten von kommerziellen Waschmaschinen ausgeweitet und bin in alle möglichen Geheimnisse eingeweiht worden, die dafür sorgen, dass der Schmutz an den unvorstellbarsten Stellen wieder herauskommt. Jetzt, ZEHN JAHRE SPÄTER, bin ich bereit, Sie in den Genuss der Früchte meiner harten Arbeit kommen zu lassen. Ich habe den EZ WASHER entwickelt. Ich muss Ihnen sagen, dass sie alle anderen Waschmaschinen, die Sie je gesehen haben, in den Schatten stellen wird."

Finden Sie an diesem Werbebrief etwas falsch? Fast alles ist falsch.

In der Überschrift geht es nur um den Verfasser und nicht um den Kunden. Außerdem werden einige Fachbegriffe verwendet – „F&E" für Forschung und Entwicklung. Dies ist ein Industriebegriff, der einige potenzielle Kunden irritieren könnte. Wir haben keine Ahnung, worauf sich die 10 Jahre Arbeit beziehen. Auch werden uns keine außergewöhnlichen Merkmale genannt. Der Autor schwärmt nur allgemein davon, welch großartige Arbeit er geleistet hat. Im Verkaufsbrief ist die Rede von all dem, was er in den letzten 10 Jahren getan hat, und nicht davon, was ich bekommen werde oder zumindest erwarten kann.

Bevor Sie mit dem Schreiben eines Werbebriefs beginnen, müssen Sie versuchen,

sich in die Lage des potenziellen Kunden zu versetzen. Machen Sie sich klar, wie Sie unerwünschte Briefe behandeln, die Sie erhalten. Die meisten dieser Briefe, wenn nicht sogar alle, wandern in den Papierkorb. Manche macht man gar nicht erst auf. Deshalb habe ich im Folgenden erst einmal kurz die wichtigsten Gründe zusammengefasst, weshalb Sie einen Werbebrief erstellen sollten.

a) Es macht auf das Produkt und die Dienstleistungen aufmerksam, die Sie anbieten

Der primäre und wichtigste Grund für die Verwendung von Werbebriefen als Marketinginstrument besteht darin, den Kunden auf Ihr Produkt oder Ihre Dienstleistung aufmerksam zu machen, indem Sie den Leser mit angemessenen Fakten ansprechen.

b) Eine Ausrede für einen zukünftigen Termin finden

Der Werbebrief kann verwendet werden, um den Verbraucher für eine künftige Kontaktaufnahme zu sensibilisieren, z.B., indem man ihn persönlich besucht oder ihn zu einem Termin anruft.

c) Beantwortung von Anfragen

Wenn der Kunde zu einem früheren Zeitpunkt um zusätzliche Informationen über ein bestimmtes Produkt oder eine bestimmte Dienstleistung gebeten hat, kann ein Werbebrief verschickt werden, um auf seine Fragen zu antworten. Dies kann an sich schon eine Grundlage für den Verkauf des Produkts oder der Dienstleistung sein.

d) Allgemeine Informationen

Ein Werbebrief kann den Verbraucher über die neuesten Angebote, Produkte, Dienstleistungen, Verkäufe usw. informieren. Es kann sich um jede andere Information handeln, von der Sie glauben, dass sie den Leser interessieren wird. Der Verbraucher kann Sie speziell darum gebeten haben, ihn über solche Informationen zu informieren, und/oder Sie können sich ausschließlich an Verbrauchergruppen wenden.

Um herauszufinden, wie Sie Ihr Anschreiben verfassen sollten, ist es wichtig, Ihre Ziele zu definieren. Wenn Sie sich über Ihr Ziel im Klaren sind, wird es Ihnen leicht fallen, die erforderliche Technik anzuwenden. Hier sind einige von ihnen:

VERGLEICH ZWISCHEN UNAUF-GEFORDERTEN VORSCHLÄGEN, BROSCHÜREN UND WERBEBRIEFEN

Ob Sie nun eine Broschüre vorbereiten oder ein unaufgefordertes Angebot schreiben, Sie können es immer besser machen, wenn Sie die Ähnlichkeiten und Unterschiede zwischen ihnen erkennen.

Eine Broschüre ist ein Dokument über Ihre Produkte und Dienstleistungen. Sie wird oft in großem Maßstab hergestellt und inkognito verteilt. Broschüren gibt es in verschiedenen Formen und Größen und werden meist in leuchtenden Farben und mit vielen Grafiken gedruckt.

Ein unaufgefordertes Angebot ist ein Artikel über Ihre Produkte und Dienstleistungen. Es wird in der Regel unabhängig erstellt und an eine bestimmte Person übergeben (auch wenn es sich um eine Person handelt, die Sie nicht allzu gut kennen). Es hat oft die Form eines Briefes, es sei denn, es handelt sich um umfangreiche Dokumente, die gebunden werden.

Ein Werbebrief ist ein kurzes Angebot und zielt immer darauf ab, Sie zu einer bestimmten Handlung zu bewegen. Je nach Situation können Werbebriefe an bestimmte Personen gerichtet sein oder nicht, und manchmal werden sie auch an Personen geschickt, die Sie nicht kennen.

Worin besteht also die Unähnlichkeit? Es stellt sich heraus, dass es in Wirklichkeit keinen großen Unterschied zwischen ihnen gibt. Alle müssen Informationen bieten und versuchen in der Regel, zu beeinflussen. Manchmal besteht das Hauptziel einer Broschüre darin, Informationen zu vermitteln. Ein wesentliches Unterscheidungsmerkmal ist, ob die Broschüre darauf abzielt, Sie zu einer bestimmten Handlung zu bewegen. Marketingmaterialien sind fast immer so gestaltet, dass sie den Leser dazu anregen, etwas zu tun. Das kann ein Besuch im Geschäft sein, ein Kauf, der Besuch einer Website oder vielleicht auch nur ein Telefonanruf. Wenn Ihre Broschüre einfach nur Informationen liefert, sollten Sie sie überdenken, um sicherzustellen, dass sie überzeugend ist, und eine Neugestaltung in Erwägung ziehen, um die Menschen zu einer Handlung zu bewegen.

Wenn Sie eine Aufforderung zum Handeln haben, oder etwas, zu dem Sie den potenziellen Kunden inspirieren wollen, dann kann es hilfreich sein, sich Ihre Broschüre als einen unaufgeforderten Vorschlag vorzustellen. Die Broschüre sollte darauf ausgerichtet sein, den Leser wirksam davon zu überzeugen, die Aufforderung zum Handeln auszuführen.

Wenn Sie einen Werbebrief schreiben, verstehen Sie vielleicht nicht, dass er sich nicht viel von einer Broschüre unterscheidet, die den Leser zum Handeln auffordert. Versuchen Sie, sich auf die Ästhetik der Broschüre zu konzentrieren.

Sowohl bei Broschüren als auch bei unaufgeforderten Angeboten besteht die Gefahr, dass man zu wenig Informationen über den Leser hat. Je mehr man über den Leser weiß, desto überzeugender kann man sein. Broschüren und unaufgeforderte Angebote werden jedoch häufig an Personen abgegeben, die man nicht allzu gut kennt, meist in der Erwartung, sie besser kennenzulernen.

Wenn Sie das nächste Mal eine Broschüre, ein unaufgefordertes Angebot oder einen Werbebrief erstellen, nehmen Sie sich die Zeit, darüber nachzudenken, als ob es sich um eines der anderen Dokumente handeln würde. Nutzen Sie den Vergleich, um das Dokument zu verbessern, aber seien Sie sich über Ihre Ziele und Ihr Publikum im Klaren.

SEGMENTIERUNG, ZIELGRUPPENANSPRACHE UND POSITIONIERUNG

Bei der Vorbereitung Ihres Werbebriefs müssen Sie das angebotene Produkt oder die Dienstleistung, die Marktdynamik und die erklärten und unerklärten Bedürfnisse des Lesers wirklich gut kennen. Es gibt keinen Ersatz für Produkt- oder Dienstleistungswissen.

Was leistet das Produkt oder die Dienstleistung für denjenigen, der es benötigt? Wie kann der

Leser vom Kauf profitieren? Was ist das Allein-stellungsmerkmal des Produkts oder der Dienst-leistung? Um diese Fragen zu beantworten, sollten Sie zunächst die Vorteile von den Merkmalen un-terscheiden. Der Werbebrief sollte in der Lage sein, den Leser davon zu überzeugen, Ihre Pro-dukte zu kaufen, und zwar auf der Grundlage des Nutzens, den das Produkt/die Dienstleistung bie-tet, und nicht auf der Grundlage seiner Merkmale.

Der Nutzen ist das, was das Produkt oder die Dienstleistung bietet und inwiefern der Verbrau-cher von dem Merkmal profitiert. Ein Nutzen ist das spezifische Ergebnis des Merkmals. Ein Fea-ture ist das, was das Produkt oder die Dienstleis-tung bereits eingebaut hat. Der Nutzen ist das, was die Menschen zum Kauf anregt. Ein Kühlschrank hat zum Beispiel eine Abtauvorrichtung (Merk-mal). Wenn diese Technologie hilft, unerwünschte Eiszapfen loszuwerden und unser Gemüse frisch und gesund zu halten, dann haben wir den Nutzen dieser Funktion.

Entscheiden Sie, wie Sie für das Produkt oder die Dienstleistung werben wollen. Über das Inter-net, Direktwerbung, E-Mail, Direktverkauf, Print-werbung usw.? Gibt es andere Werbung oder

Literatur, die das Anschreiben unterstützen? Wer ist Ihre Konkurrenz? Welche Marketingaktivitäten haben sie unternommen? Wie hoch ist Ihr Werbebudget? Sind Ihre Ziele zu hoch gesteckt?

Wer ist Ihr potenzieller Käufer? Was regt eine Person dazu an, diesen Gegenstand zu kaufen? Die Experten weisen darauf hin, dass die am häufigsten verwendete Emotion, um Menschen zum Kauf zu bewegen, die Angst ist, und eine Million anderer Variationen davon. Sie müssen sich in die Lage des Verbrauchers versetzen, um zu erkennen, ob Ihr Angebot die emotionalen Bedürfnisse der Leser anspricht.

DAS AIDA-MODELL

Werbetexter folgen dem AIDA-Modell. Das AIDA-Modell steht für
Aufmerksamkeit, Interesse, Verlangen (auf Englisch „Desire") und Aktion oder Handeln.

> **Gewinnen Sie die Aufmerksamkeit Ihrer Leser**

Wenn Sie wollen, dass Ihr Werbebrief bei Ihren Lesern ankommt, müssen Sie zunächst deren Aufmerksamkeit erregen. Das können Sie mit einer knallharten Überschrift oder einem einleitenden Absatz tun, der den Nagel direkt auf den Kopf trifft, oder Sie können Ihr Schreiben sogar mit einer fesselnden Frage beginnen. Zum Beispiel: „Möchten Sie Ihre Stromkosten um 45 % senken?"

Eine geeignete Überschrift für einen Werbebrief für ein Abnehmprogramm könnte lauten: „Jetzt können Sie in 2 Wochen 15 Pfund abnehmen, ohne hungern zu müssen; und es ist einfach und erschwinglich!" Diese Überschrift löst nicht nur ein Problem, sondern bietet auch eine schnelle und einfache Lösung, die den preissensiblen Verbraucher im Auge behält.

Ihr Leser wird nur daran interessiert sein, Folgendes zu erfahren: Was habe ich davon? Warum sollte ich meine Zeit investieren, um weiterzulesen? Wenn Sie ihm das gleich zu Beginn Ihres Briefes sagen, wird er den Rest des Briefes weiterlesen, und damit ist schon die halbe Schlacht gewonnen. In jedem Fall wird er selten den dritten Absatz erreichen. Die Wirkung muss also sofort eintreten. Der Kern der Sache sollte gleich zu Beginn erklärt werden.

Interesse wecken

Sie müssen das Interesse des Lesers wecken, indem Sie ihm zeigen, warum er Ihr Produkt oder Ihre Dienstleistung braucht. Sie müssen ein Bedürfnis für Ihr Produkt oder Ihre Dienstleistung wecken. Lassen Sie ihn wissen, wie sein Leben mit Ihrem Produkt einfacher wird. Zeigen Sie ihm, was er verpasst, wenn er das Produkt nicht einmal ausprobiert. Hier müssen Sie Ihre Vertrauenswürdigkeit unter Beweis stellen. Sie können Ihre Argumente mit Zeugnissen oder Fallbeispielen untermauern. Sie können die Kommunikationsdaten von Benutzern angeben, die von Ihrem Produkt profitiert haben. Denken Sie immer daran, dass Sie alles über Ihr Produkt wissen, so dass „abgestandene Neuigkeiten" für Sie wie „frische Neuigkeiten" erscheinen.

Begehrlichkeiten wecken

Jetzt haben Sie die Aufmerksamkeit des Lesers gewonnen und sein Interesse geweckt. Als Nächstes müssen Sie Begehrlichkeiten wecken. Sagen Sie dem Leser, wie genau er von Ihrem Produkt profitieren wird. Verknüpfen Sie die Vorteile mit dem täglichen Leben des Lesers. Machen Sie ihm klar, welchen Nutzen Ihr Produkt für ihn hat, wie bequem es für ihn ist, es zu bekommen, und wie angenehm das Leben danach für ihn sein wird.

Allgemeinheiten sind weniger überzeugend. Spezifische Details sind viel glaubwürdiger. Wenn Sie zum Beispiel Bücher über die Verringerung von Mitarbeiterdiebstahl verkaufen wollen: „Bis zum Ende dieses Quartals könnte Ihr Anteil an Mitarbeiterdiebstählen um mehr als 37 % sinken. Stellen Sie sich den spektakulären Effekt vor, den dies auf Ihr Geschäftsergebnis haben wird!" Oder wenn Sie ein Abnehmprogramm verkaufen: „Innerhalb von 3 Wochen werden Sie 7 Kilogramm abgenommen haben. Stellen Sie sich die Komplimente vor, die Sie von Ihrem Ehepartner erhalten. Stellen Sie sich vor, wie umwerfend Sie in Ihrem neuen Badeanzug aussehen werden!"

Zum Handeln auffordern

Was soll der Leser als Nächstes tun? Eine Antwortkarte einsenden? Das Produkt oder die Dienstleistung bestellen? Anrufen und um weitere Informationen bitten? Einen Termin vereinbaren? Informieren Sie ihn entsprechend. Es ist erstaunlich, wie viele Werbebriefe den Leser nicht über den nächsten Schritt informieren. Sie gehen davon aus, dass der Leser ein Gedankenleser ist. Das ist aber meist nicht der Fall.

Bis jetzt haben Sie hart gearbeitet. Sie haben seine Aufmerksamkeit erregt, sein Interesse geweckt, Begehrlichkeiten geweckt. Ist es da nicht angebracht, zum Handeln aufzufordern? Gehen Sie nicht davon aus, dass Ihr Leser weiß, was er als Nächstes tun soll. Um die gewünschte Aktion zu unterstützen, müssen Sie Ihrem Brief immer eine Antwortkarte beifügen.

Das P.S. ist ein Bestandteil eines Briefes, der immer gelesen wird. Nutzen Sie das P.S., um Ihren überzeugendsten Vorteil hervorzuheben oder Ihre Garantie zu bekräftigen. Verschwenden Sie es nicht mit Belustigung. Mit Bedacht eingesetzt, könnte es der letzte Anstoß sein, der die Kaufentscheidung zu Ihren Gunsten kippt. Seien Sie also konkret und geben Sie den Endspurt.

Kapitel 2 – Grundelemente eines Werbebriefs

WAS SIND DIE GRUNDLEGENDEN BESTANDTEILE EINES WERBEBRIEFS?

Jeder Werbebrief folgt in etwa der folgenden Reihenfolge:

a. Bild

b. Überschrift

c. Grußwort.

d. Hauptabsatz

e. Körper

f. Schließen

Das Bild

Wenn es ein Logo oder ein Design für Ihr Unternehmen gibt, verwenden Sie es nur dann in Ihrem Anschreiben, wenn es wirklich relevant für Ihr Angebot ist. Sie verkaufen nicht Ihr Firmenlogo, sondern die Vorteile, die der Käufer hat, wenn er Ihr Produkt oder Ihre Dienstleistung kauft. Verwenden Sie ein bestimmtes Bild, das zu Ihrer Überschrift, Ihrem Inhalt und Ihrem Thema passt, oder verwenden Sie überhaupt kein Bild. Halten Sie sich so weit wie möglich an Worte.

Job der Schlagzeile

Die Überschrift ist in der Regel 3 bis 30 Wörter lang. Sie sollte einprägsam sein. Sie sollte die Aufmerksamkeit des Lesers erregen und ihm sagen, worum es in der Anzeige (dem Werbebrief) geht. Im Idealfall hat die Überschrift die Aufgabe, die Konzentration des Lesers zu wecken, den Betrachter anzusprechen, einen Vorteil zu nennen und eine Zusicherung zu machen.

Begrüßung und einleitender Absatz
Jeder Werbebrief, der den Leser beeinflusst, hat eine Chance, geöffnet und gelesen zu werden.

o Spinnen Sie einen Faden, mit dem sich der Leser identifizieren kann, und verwenden Sie dabei einen dialogischen Ton.

o Kündigen Sie ein neues Produkt oder eine neue Dienstleistung, eine exklusive Veranstaltung oder wichtige Neuigkeiten an und stellen Sie dabei Ihr Alleinstellungsmerkmal heraus.

o Sprechen Sie den Leser auf Augenhöhe an: „Lieber Autokäufer, wissen Sie, dass ..."

o Sie könnten mit etwas Neuem beginnen, vielleicht einem Zitat oder einer Anekdote.

o Sie könnten damit beginnen, das Problem des Lesers zu identifizieren, das Ihr Produkt zu lösen verspricht.

o Stellen Sie eine Frage, die den Leser erregen könnte.

o Weisen Sie den Leser auf ein Geheimnis oder eine ungewöhnliche Information hin.

Sie könnten eine Unterüberschrift verwenden, um eine in der Überschrift gestellte Frage zu beantworten. Teil A könnte zum Beispiel lauten:

„Möchten Sie innerhalb von 3 Wochen 7 Kilo zu einem erschwinglichen Preis abnehmen?" Teil 2 könnte lauten: „Nun, so können Sie es tun ..."

Inhalt des Briefes

Der Haupttext sollte den gleichen Tonfall haben und das Thema der Überschrift aufgreifen. Sie sollten weiterhin die Vorteile hervorheben und Beweise für Ihre Behauptung anführen. Geben Sie Einzelheiten zu den Vorteilen und Merkmalen an. Bauen Sie Glaubwürdigkeit auf. Ihr grundlegendes Ziel ist es, einen Bedarf an Ihren Produkten oder Dienstleistungen zu wecken und die Menschen dazu zu bringen, das zu tun, was Sie von ihnen wollen.

Abschluss oder Aufruf zum Handeln

Wenn Sie den Leser auffordern, etwas zu bestellen, Sie zu unterstützen oder sich mit Ihnen in Verbindung zu setzen, müssen Sie es ihm leicht machen, zu antworten. Sie müssen den Werbebrief mit einem frankierten Rückumschlag und einem Bestellformular versehen. Wenn dies nicht möglich ist, geben Sie eine gebührenfreie

Telefonnummer, einen E-Mail-Link und/oder Ihre URL an. Danken Sie dem Leser immer für seine Geduld. Verwenden Sie immer ein Postskriptum.

Eine letzte Anregung
Die eigentliche Herausforderung besteht darin, den Leser dazu zu bringen, sein hart verdientes Geld für Sie auszugeben. Die beste Möglichkeit, dies zu erreichen, ist der Einsatz von Testlesern. Testleser können ihre Meinung dazu abgeben, ob etwas in dem Brief fehlt.

WIE ERSTELLEN SIE SCHLAGZEILEN, UM IHRE VERKAUFSBRIEFE ZU BELEBEN?

Jedes Ihrer Marketinginstrumente benötigt eine Überschrift. Überschriften ziehen die Aufmerksamkeit auf sich, machen Ihre Botschaft einfach lesbar, bringen Ihre wichtigsten Verkaufsargumente auf den Punkt und veranlassen Ihre Kunden zum Kauf des Produkts oder der Dienstleistung. Verwenden Sie regelmäßig Überschriften in Ihren Werbebriefen, damit die Leser Ihre

Hauptbotschaft verstehen, ohne zu viel herumstöbern zu müssen.

Die Schlagzeilen reichen von „Schlag ins Gesicht" bis hin zu dezenteren, die überhaupt nicht wie eine Schlagzeile wirken.

Ihre Überschrift wird wahrgenommen, wenn sie an die Interessen des Lesers appelliert. Sie müssen mit Ihrer Überschrift auf eine Schwierigkeit hinweisen, die der Leser hat, oder auf etwas, von dem Sie wissen, dass der Leser ein starkes Gefühl diesbezüglich hat.

Sieben todsichere Schlagzeilen
a. Stellen Sie eine Frage. „Haben Sie Angst, dick und schlaff zu werden?" Eine Frage in der Überschrift zwingt den Leser zu einer Antwort in seinem Kopf. Sie binden den potenziellen Kunden mechanisch in Ihre Botschaft ein.
b. Beginnen Sie Ihre Überschrift mit „How to". „Wie man in 3 Wochen 7 Kilo abnimmt." Menschen lieben Informationen, die zeigen, wie man etwas Wertvolles tut.

c. Geben Sie ein Zeugnis ab. Der Rat eines zufriedenen Kunden kann als Katalysator wirken, um andere dazu zu bewegen, bei Ihnen zu kaufen.

d. Geben Sie einen Befehl. Einige traditionelle Überschriften fordern die Leser auf, „hochzuzielen", „voranzukommen" usw. Verwandeln Sie Ihren wichtigsten Vorteil in eine starke Überschrift.

e. Bedeutende Neuigkeiten sind eine gute Schlagzeile. Das funktioniert besonders gut bei großen Veränderungen in Ihrem Unternehmen oder bei der Einführung von neuen Produkten.

f. Geben Sie einen letzten Termin für ein Sonderangebot an. Die meisten von uns sind immer zu beschäftigt und neigen dazu, das Handeln aufzuschieben. „Sparen Sie jetzt Geld" und „Erhalten Sie einen Bonus, wenn Sie jetzt kaufen" erhöhen die Resonanz.

g. Kostenlose Angebote finden oft die größte Resonanz. Es gibt den Mythos, dass wohlhabende oder professionelle Kunden von kostenlosen Angeboten abgeschreckt werden. Das ist überhaupt nicht richtig. Passen Sie Ihr kostenloses Angebot einfach an den Stil Ihrer Kunden oder Ihrer Branche an.

Die Interessenten stehen immer unter Zeitdruck. Sie werden täglich mit Hunderten von Anzeigen, Werbebriefen, Postkarten und Werbespots überhäuft. Sie neigen dazu, jede Werbebotschaft auszublenden, bei der es den Anschein hat, als würde es lange dauern, sie zu verstehen. Überschriften helfen ihnen bei der Entscheidung. Konzentrieren Sie sich also auf sie.

IST ES WICHTIG, EINEN STARKEN ERSTEN ABSATZ ZU HABEN?

Die nächste entscheidende Frage ist, wie Sie Ihr Anschreiben beginnen.

Sagen Sie dem potenziellen Kunden sofort, was Sie ihm verkaufen wollen? Rühren Sie ihn nur ein wenig an, damit er versteht, warum er Ihr Produkt oder Ihre Dienstleistung benötigt?

Der Verlauf des ersten Absatzes Ihres Werbebriefs hängt von dem Thema ab, das Sie gewählt haben. Von diesem Thema hängt ab, ob Ihr einleitender Absatz einen bestimmten kreativen Ansatz verfolgt oder sich auf Ihr Angebot konzentriert.

Sobald Ihr erster Absatz mit Ihrem Thema übereinstimmt, sollte der Schwerpunkt auf die

Aufwärmphase gelegt werden. Eine ineffiziente Aufwärmphase lähmt einen Werbebrief mehr als jeder andere Aspekt und führt zu einem durchschnittlichen Brief.

Ein guter Verkaufstext kommt sofort auf den Punkt. Ihr Ziel ist es, das Interesse des Lesers zu wecken. Es geht nicht darum, die Grundlagen für das Verständnis des Textes zu schaffen, sondern das unmittelbare Interesse an dem von Ihnen gewählten Thema zu wecken.

Außerdem sollte der erste Absatz in der ersten Person geschrieben werden. Ein schneller Weg, einen Brief unleserlich zu machen, ist, in der dritten Person zu sprechen oder „wir" in den Brief einzufügen. Einen Brief mit „wir" zu beginnen, kann Ihre Antwort verderben.

Hier finden Sie eine umfassende Liste von Regeln, die Sie bei der Erstellung Ihres ersten Absatzes beachten sollten:

a. Machen Sie es theatralisch, interessant und genau auf das Zielpublikum ausgerichtet.

b. Fassen Sie Ihren Absatz kurz.

c. Halten Sie Ihre Sätze präzise.

d. Halten Sie Ihre Worte kurz.

e. Verwenden Sie das Wort „Sie", um den potenziellen Kunden anzusprechen.

f. Lassen Sie Ihre Botschaft von einer einzelnen Person kommen, auf einer sehr individuellen Basis, mit dem Ziel, eine Eins-zu-eins-Leserschaft durch den gesamten Beitrag aufzubauen.

g. Bei der Beurteilung eines Verkaufsbriefs sollten Sie vor allem den einleitenden Absatz prüfen. Entspricht er dem Ansatz und dem Geschmack der sechs oben genannten Punkte?

Es gibt keine starre Formel für einen Einleitungsabsatz, aber Ihre Briefe werden bessere Reaktionen hervorrufen, wenn Sie sich an die Regeln halten, anstatt sie zu brechen.

IST EIN P.S. IN IHREM WERBEBRIEF UNERLÄSSLICH?

Die Menschen wollen wissen, wer ihnen den Brief geschickt hat, und neigen dazu, schnell zum Ende des Briefes zu blättern, um zu sehen, wessen Unterschrift am Ende steht.

Das Nächste, was sie unterhalb der Unterschrift sehen, ist ein Postskriptum (oder P.S.).

Tatsächlich kann Ihr P.S. das zweite (nach der Überschrift) oder dritte (nach dem einleitenden Satz/Absatz) meistgelesene Element Ihres Werbebriefs oder Ihrer E-Mail sein. Die meisten Werbetexter verwenden nicht nur ein Postskriptum, sondern auch mehrere (P.P.S.).

Die meisten Postskripte sind relativ kurz, in der Regel etwa 3 oder 4 Zeilen, die das Angebot zusammenfassen, die Frist bestätigen und den Aufruf zum Handeln enthalten.

Der Duden definiert P.S. folgendermaßen (wortwörtlich):

„Postskriptum - Nachsatz; ein Absatz, der einem Brief hinzugefügt wird, nachdem er abgeschlossen und vom Schreiber unterschrieben wurde; ein Zusatz, der einem Brief oder einer Komposition hinzugefügt wird, nachdem der Hauptteil des Werks beendet wurde, und der etwas Ausgelassenes oder etwas Neues enthält, das dem Schreiber einfällt."

Für Vermarkter bietet er eine letzte Gelegenheit, potenzielle Kunden zum Handeln zu bewegen. Der beste Weg, den letzten „Zusatz" zu nutzen, ist die Hervorhebung oder Wiederholung eines wichtigen Punktes, der für den Leser von Bedeutung ist.

Wenden Sie diese Taktiken an. Das P.S. ist eines der meistgelesenen Elemente eines jeden Werbebriefs. Es rangiert nach der Überschrift und den Unterüberschriften an zweiter Stelle, wenn es um die Priorität der Leserschaft geht.

Fassen Sie sich kurz und präzise. Eine knappe Zusammenfassung reicht aus, um das Interesse des Lesers aufrechtzuerhalten. Wenn Sie mehr Platz benötigen, fügen Sie ein zweites P.S. ein. Das Hinzufügen zusätzlicher P.S. ist vor allem bei längeren Werbebriefen eine wirksame Strategie.

SOLLTEN SIE GARANTIEN EINSCHLIESSEN?

Wenn Sie ein Produkt oder eine Dienstleistung ohne Garantie anbieten, könnten Sie kurz davor stehen, einen großen Prozentsatz der potenziellen Verkäufe zu verlieren. Heutzutage sind Betrügereien weit verbreitet. Da es im Internet keine offizielle Polizei oder Moderatoren gibt, ist die Zahl der Betrügereien wahrscheinlich noch größer.

Aufgrund dieser Betrüger und der großen Anzahl von Herausforderungen im Internet sind die Menschen misstrauisch und suchen zunehmend nach geschützteren Mitteln, um von Angeboten zu profitieren. Garantien sind daher ein einflussreiches Instrument für den opulenten Vermarkter und können zwei sehr wichtige Dinge tun, die zur Steigerung der eigenen Gewinne beitragen: den Umsatz steigern und die Retouren reduzieren.

Wenn Sie eine Garantie anbieten, verringern Sie das Misstrauen rund um den Kauf Ihres Produkts oder Ihrer Dienstleistung. Die Verbraucher sind ziemlich vorsichtig, und das umso mehr, wenn sie über das Internet einkaufen. Und Garantien geben Ihnen eine fast unmittelbare Vertrauenswürdigkeit bei möglichen Kunden.

Garantien erhöhen den wahrgenommenen Wert. Nehmen Sie zum Beispiel die Geschichte der Brüder Monaghan.

Beide Brüder arbeiteten in einem Heimbüro. Sie brauchten Geld, um das College zu bezahlen. Sie arbeiteten im Schichtbetrieb und besuchten das College, wenn sie in der anderen Schicht frei hatten. Nachdem sie etwa ein Jahr lang Verluste gemacht hatten, verkaufte einer der Brüder seinen

Anteil am Geschäft. Der andere blieb in der kleinen Pizzeria. In einigen Interviews, die er kürzlich gab, sagte Tom Monaghan, er sei sich nicht sicher, ob er das Richtige tue. Und der Rest ist Geschichte. Seine Entscheidung war die beste, die er je getroffen hat. Sein Geschäft basierte auf einer einfachen Garantie – „Frische Pizza in 30 Minuten oder gratis" – und Domino's Pizza wurde zu der heutigen Milliarden-Dollar-Industrie.

Garantien steigern den Umsatz und verringern die Rücksendungen.

Die Schikanen bei der Rückgabe von Waren erhöhen die Zweckmäßigkeit und geben dem Käufer mehr Selbstvertrauen. Nutzen Sie also Garantien, um Ihren Erfolg zu sichern.

Sieben Tipps für eine großartige Garantie
o Machen Sie die Garantie einfach und unkompliziert. Lassen Sie die Ausreden und das Kleingedruckte weg.
o Vergewissern Sie sich, dass Ihr gesamtes Unternehmen von der Betriebsphilosophie überzeugt ist, die durch den Einsatz von Garantien vorgegeben wird.

o Seien Sie mit Ihren Kunden ausreichend vertraut, um zu erkennen, ob die Garantie dem Kunden überhaupt hilft.

o Eine Garantie sollte auf Gegenseitigkeit beruhen, d. h., wenn Sie Ihr Leistungspotenzial übertreffen, sollten Sie ein Erfolgshonorar verlangen.

o Geben Sie an, welche Kunden die Garantie in Anspruch nehmen können und welche nicht. Beschränken Sie die Anzahl auf ein Minimum.

o Reagieren Sie schnell, wenn ein Kunde Sie auffordert, Ihre Garantie zu erfüllen.

o Überwachen Sie Ihre Leistung, um Überraschungen zu vermeiden.

Die Garantien lassen sich in fünf sehr unterschiedliche Kategorien einteilen:

o Die Geld-zurück-Garantie: Sie garantiert, dass Ihre Kunden weder ihre Zeit noch ihr Geld verschwenden werden. Sie schützt die Kunden auch, wenn das Produkt kaputtgeht oder versagt.

o Die Zufriedenheitsgarantie: Sie garantiert, dass Ihr Kunde mit Ihrer Dienstleistung oder Ihrem Produkt glücklich und zufrieden sein wird.

o Preisgarantie: Dies kann entweder ein Festpreis sein, der sicherstellt, dass sich der Preis und/oder die Zahlungsbedingungen nicht ändern oder erhöhen (z. B. bei Lebensversicherungen), oder eine Garantie, dass der Kunde anderswo keinen günstigeren Preis findet.

o Pünktlichkeitsgarantie: Dies trägt dazu bei, die Ängste der unter Zeitdruck stehenden Kundschaft zu unterdrücken. Für Unternehmen wie Druckereien, Autowerkstätten und Kabelgesellschaften kann ein solches Angebot verlockend sein.

o Absolut-No-Questions-Asked-Garantie: Diese kann auf alles angewendet werden. Probieren Sie es einfach aus und sehen Sie.

Kapitel 3 – Tipps zum Verfassen eines Werbebriefs

GRUNDLEGENDE TIPPS ZUM VERFASSEN EINES WIRKSAMEN VERKAUFSBRIEFS

a. Glaubwürdigkeit aufbauen. Neben der Erwähnung der Vorteile sollten Sie auch Erfahrungsberichte von Menschen einfügen, die Ihr Produkt oder Ihre Dienstleistung bereits genutzt und davon profitiert haben. Das erhöht die Glaubwürdigkeit.

b. Machen Sie es für Ihren Leser unvergesslich. Die meisten unaufgeforderten Mails landen im Mülleimer. Ihr Mailer sollte etwas Einzigartiges enthalten, damit sich die Leute mehr Zeit dafür nehmen. Ein Autoreparaturdienst könnte zum Beispiel die 10 besten Tipps für die Autowartung und so weiter beifügen.

c. Betonen Sie die Ästhetik. Der Brief sollte benutzerfreundlich sein. Er sollte eine attraktive visuelle Wirkung haben. Die Ästhetik sollte gut definiert sein. Außerdem sollte er leicht zu navigieren sein.

d. Fügen Sie eine Aufforderung zum Handeln ein. Legen Sie eine Postkarte, einen frankierten Rückumschlag und/oder ein Bestellformular bei. Falls nicht angemessen, geben Sie eine gebührenfreie Telefonnummer, einen E-Mail-Link und/oder Ihre URL an.

e. Nutzen Sie immer einen Anreiz. Das Schreiben sollte einen Anreiz für schnelles Handeln enthalten – einen Rabatt, ein Sonderangebot, Geschenke usw.

f. Widerstehen Sie der „Serienbrieffunktion". Die Technologie hat das Leben zweifellos einfacher gemacht. Aber versuchen Sie, keine Massenbriefe zu schreiben. Gestalten Sie jeden Brief individuell nach den Bedürfnissen des Lesers.

g. Knüpfen Sie dauerhafte Beziehungen. Versuchen Sie, dauerhafte Beziehungen zu Ihren Kunden aufzubauen. Dazu müssen Sie „zu wenig versprechen" und „zu viel liefern".

h. Markt testen. Welche Technik Sie auch immer anwenden wollen, testen Sie immer den Markt.

i. Treffen Sie den richtigen Ton. Ihr Werbebrief sollte nicht zu förmlich und voller Fachausdrücke sein. Das könnte den Leser abschrecken.

j. Ein letzter Tipp: Vergewissern Sie sich vor dem Versand der Mailings, dass Sie alle Aspekte berechnet haben. Sie möchten sicher nicht mit Angeboten überschwemmt werden, ohne über die entsprechenden Mittel zu verfügen.

EIN 12-SCHRITTE-LEITFADEN FÜR EINEN GUTEN WERBEBRIEF

Man muss kein preisgekrönter Werbetexter sein, um kompetente Werbebriefe zu verfassen. In

Wirklichkeit ist das Schreiben großartiger Werbebriefe eher eine wissenschaftliche Angelegenheit
als eine Kunst. Selbst Profis verwenden bewährte
„Vorlagen", um Werbebriefe zu erstellen, die das
gewünschte Ergebnis erzielen.

Jeder Mensch hat irgendeine Form von Kaufwiderstand. Das grundsätzliche Ziel Ihres Werbe-
briefes sollte es sein, den Kaufwiderstand Ihres Lesers zu überwinden und ihn zum Handeln zu bewegen. Diese Hürden machen sich in vielen erklärten und unerklärten Kundenkommentaren be-
merkbar, wie z. B.:

„Sie erkennen mein wirkliches Problem nicht."
„Woher weiß ich, dass Sie kompetent sind?"
„Ich glaube Ihnen überhaupt nicht."
„Ich brauche es im Moment nicht."
„Es wird mir in keiner Weise helfen."
„Was passiert, wenn ich es nicht nützlich finde?"
„Ich kann es mir nicht leisten, es zu kaufen."
usw.

Der Werbebrief muss die Emotionen des Lesers so
weit ansprechen, dass er zum Handeln angeregt
wird. Der Brief sollte versuchen, die „Hot Buttons"
oder emotionalen Druckpunkte anzusprechen, die

den Leser zum Kauf bewegen. Die beiden wichtigsten Motivationsfaktoren sind die Aussicht auf Gewinn und die Angst vor Verlust.

Würden Sie lieber einen 60-Dollar-Kurs über „Wie Sie Ihre Karriere vorantreiben" oder „Wie Sie verhindern, dass Sie entlassen werden" kaufen?

Jeden Tag wird sich der zweite Titel besser verkaufen. Und warum? Weil er die Angst vor dem Verlust anspricht.

Im Folgenden finden Sie ein 12-Schritte-Modell für das Verfassen kinderleichter Werbebriefe.

Versuchen Sie, Aufmerksamkeit zu erregen:
Vorausgesetzt, der Leser hat Ihren Umschlag geöffnet, besteht der nächste wichtige Schritt darin, seine Aufmerksamkeit zu gewinnen. Die Überschrift ist das Wichtigste, was Ihr Leser beachtet. Die Menschen haben eine sehr begrenzte Aufmerksamkeitsspanne und werfen ihre Post normalerweise in den Papierkorb, es sei denn, die Überschrift springt ihnen ins Auge.

Im Folgenden finden Sie drei Beispiele für Schlagzeilenvorlagen, die nachweislich für Konzentration sorgen.

ANLEITUNG _____

DIE WESENTLICHEN GEHEIMNISSE VON
_____ENTHÜLLT!
WARNUNG: WAGEN SIE ES NICHT _____
BEVOR SIE _____.

Erkennen Sie das Problem des Lesers: Nachdem der Leser Ihnen nun seine volle Aufmerksamkeit geschenkt hat, müssen Sie sich direkt mit dem Problembereich befassen. Versuchen Sie, sich in den Leser hineinzuversetzen.

Eine andere Methode besteht darin, das Problem zu triggern. Sie schildern das Problem und dramatisieren es, so dass die Person den Schmerz und die Qualen ihrer Situation wirklich spürt. Der Mensch ist ein so robustes Gewohnheitstier, dass er sich kaum die Mühe macht, seine Gewohnheiten zu ändern, es sei denn, er verspürt große Schmerzen. Die Unternehmen sind in der Tat nicht vielfältig. Die meisten Unternehmen machen so lange das Gleiche, bis es so schlimm wird, dass sie etwas ändern müssen.

Bieten Sie die Lösung des Problems an: Nachdem Sie das Problem des Lesers erkannt haben, werden Sie zum "Retter", indem Sie ihm die

Lösung des Problems anbieten. Sie stellen Ihr Produkt oder Ihre Dienstleistung vor und zeigen ihm, wie all seine Probleme verschwinden werden, sobald er Ihr Produkt/Ihre Dienstleistung erhält.

Präsentieren Sie dem Interessenten Ihre Qualifikationen: Wenn Sie dem Leser nur sagen, dass Sie sein Leben komfortabler und bequemer machen können, wird er sich nicht dazu hinreißen lassen, Ihre Produkte zu kaufen. Sie müssen Vertrauen aufbauen und Ihre Glaubwürdigkeit unter Beweis stellen. Dies können Sie auf die folgende Weise tun:

o Auflistung von erfolgreichen Fallstudien und Beispielen

o Nennen Sie renommierte Unternehmen (oder Personen), mit denen Sie Geschäfte gemacht haben

o Erwähnung Ihrer Berufserfahrung

o Zeigen Sie wichtige Preise und Auszeichnungen, die Sie gewonnen haben

Zeigen Sie die Vorteile Ihrer Produkte auf: Jetzt müssen Sie dem Leser sagen, wie er persönlich von Ihrem Produkt oder Ihrer Dienstleistung profitieren wird. Erwähnen Sie nicht nur die Merkmale. Niemand ist nur an den Merkmalen interessiert. Was Sie stattdessen tun können, ist, dass Sie zwei Spalten zeichnen. In die eine Spalte können Sie die Merkmale schreiben und in die andere alle denkbaren Vorteile, die der Leser durch das Merkmal erhalten kann. Sie können auch Aufzählungspunkte für jeden Vorteil verwenden, um die Navigation benutzerfreundlich zu gestalten.

Geben Sie Ihren sozialen Beweis: Nachdem Sie all Ihre Vorteile vorgestellt haben, müssen Sie nun Ihre Glaubwürdigkeit und das Vertrauen Ihrer Leser mit Zeugnissen zufriedener Kunden stärken.

Testimonials sind einflussreiche Verkaufsinstrumente, die belegen, dass Ihre Behauptungen wahr sind. Eine weitere Möglichkeit, Ihren Erfahrungsbericht noch einflussreicher zu machen, ist die Aufnahme von Bildern Ihrer Kunden mit deren Namen, Adressen und Telefonnummern. Die meisten Leser werden nicht anrufen, um das herauszufinden. Aber wenn Sie die Nummern angeben, verleiht Ihnen das mehr Glaubwürdigkeit.

Machen Sie Ihr letztes Angebot: Ihr Angebot ist das wichtigste Element Ihres Verkaufsbriefs. Wenn Ihr Angebot großartig ist, wird es selbst mit einem mittelmäßigen Verkaufstext unwiderstehlich.

Ihr Angebot kann in vielen verschiedenen Varianten gestaltet werden. Die besten Angebote sind in der Regel eine attraktive Mischung aus Preis, Bedingungen und kostenlosen Zugaben. Es ist immer lukrativer, Ihr Angebot mit immer mehr Vorteilen zu versehen, als nur den Preis zu senken.

Geben Sie ein Versprechen oder eine Garantie: Sie können Ihr Angebot noch attraktiver machen, indem Sie den Risikofaktor aus dem Angebot herausnehmen. Denken Sie daran, dass die Menschen eine eingebaute Angst haben, dass Vermarkter sie betrügen wollen.

Geben Sie eine sehr starke Garantie, aber nur, wenn Sie genügend Vertrauen in Ihr Produkt oder Ihre Dienstleistung haben. Wenn Sie eine Garantie geben und sich später nicht daran halten, ist Ihre Glaubwürdigkeit erschüttert. Seien Sie also vorsichtig. Wenn Ihr Produkt oder Ihre

Dienstleistung gut genug ist, werden nur sehr wenige Menschen tatsächlich eine Rückerstattung benötigen.

Bringen Sie die Elemente der Knappheit ein:
Die meisten Menschen lassen sich viel Zeit mit der Beantwortung von Angeboten, selbst wenn diese verlockend sind. Dafür kann es viele Gründe geben, zum Beispiel:

o Sie empfinden nicht genug Unbehagen, um etwas zu ändern.

o Sie sind zu beschäftigt und vergessen es schließlich.

o Sie sind nicht der Meinung, dass der wahrgenommene Wert den geforderten Preis rechtfertigt.

o Sie sind einfach nur faul.

Um die Menschen zum Handeln zu bewegen, müssen Sie dem Angebot Anreize hinzufügen. Sie können ein Gefühl der Knappheit erzeugen, indem Sie den Leser darüber informieren, dass entweder das Angebot oder die Menge begrenzt ist. Sie können auch erwähnen, dass Ihr Angebot nur für einen begrenzten Zeitraum gültig ist.

Ihr Angebot könnte etwa so lauten:

„Wenn Sie bis zum (Datum) einkaufen, erhalten Sie eine ganze Reihe von Gratisgeschenken."

„Unser Angebot ist auf 60 Stück (Produkt oder Dienstleistung) begrenzt und Sie erhalten es nach dem Prinzip ‚Wer zuerst kommt, mahlt zuerst'. Wenn sie aufgebraucht sind, sind keine mehr verfügbar."

„Dieser Preis ist nur für die nächsten 15 Tage gültig."

Aber wenn Sie einmal ein solches Angebot gemacht haben, können Sie es nicht mehr rückgängig machen und den letzten Termin immer wieder verlängern. Dadurch werden Ihre Kunden das Vertrauen in Sie verlieren.

Aufforderung zum Handeln: Gehen Sie nicht davon aus, dass Ihr Leser weiß, was er tun muss, um in den Genuss Ihres Angebots zu kommen. Sie müssen ihn sorgfältig anleiten, wie er die Bestellung in sehr verständlicher und prägnanter Sprache aufgeben kann. Sagen Sie ihm, ob er Sie anrufen, Ihnen ein Fax schicken oder auf die Bestellschaltfläche auf Ihrer Website klicken soll.

Geben Sie eine Warnung aus:

Ein guter Werbebrief sollte auch nach der Aufforderung zum Handeln noch Emotionen wecken.

Sie können die Strategie des „Verlustrisikos" nutzen, um den Leser wissen zu lassen, was passieren würde, wenn er Ihr bestehendes Angebot nicht nutzt. Beispiel:

Kämpfen Sie für immer:

o Verlieren Sie die Chance, all Ihre wertvollen Goodies zu erhalten.

o Keine Verbesserung des Lebens.

o Sehen Sie, wie Ihre Konkurrenten profitieren und im Leben aufsteigen.

Versuchen Sie, dem Leser ein trauriges Bild von der Strafe zu vermitteln, die ihn erwartet, wenn er jetzt keine Maßnahmen ergreift. Machen Sie ihm klar, wie viel er im Moment verpasst.

Schließen Sie mit einer angemessenen Erinnerung

Sie sollten immer ein Postskriptum (P.S.) einfügen. In diesem Postskriptum können Sie Ihre Kunden an Ihr verlockendes Angebot erinnern. Wenn Sie in Ihrem Verkaufsbrief von Verknappung gesprochen haben, fügen Sie Ihre Aufforderung zum Handeln ein und erinnern Sie dann an das zeitlich (oder mengenmäßig) begrenzte Angebot.

Mit dieser 12-Schritte-Formel kann jeder ein effizientes und verkaufsförderndes Anschreiben verfassen. Im Folgenden finden Sie einige zusätzliche Tipps, die Ihnen helfen, einen noch besseren Werbebrief zu schreiben:

Tipp 1: Erwähnen Sie immer die Merkmale/Vorteile – Das größte Hindernis beim Verfassen eines brillanten Verkaufsbriefs ist, dass man einfach anfängt. Nehmen Sie einen Stift und Papier und listen Sie alle Merkmale Ihres Produkts oder Ihrer Dienstleistung auf. Nehmen Sie dann ein weiteres Blatt Papier und listen Sie die Vorteile auf, die sich aus Ihrem Produkt oder Ihrer Dienstleistung ergeben können.

Tipp 2: Wenn Sie mit dem Brief fertig sind, vergessen Sie ihn für ein oder zwei Tage.
So können Sie bei der Bearbeitung Ihres Schreibens praktischer vorgehen.

**Tipp 3: Legen Sie sich eine „Sammelmappe"
an, um Ihre Kreativität zu steigern.** Wenn Sie
eine gut gemachte Anzeige oder einen gut ge-
machten Werbebrief auf einer Website sehen oder
ein wirklich effektives Schreiben per Post oder E-
Mail erhalten, bewahren Sie es in einer Datei oder
einem Ordner auf, auf den Sie immer wieder zu-
rückgreifen können. Vergleichen Sie immer wieder Ideen.

**Tipp 4: Erstellen Sie ein Kundenprofil, bevor
Sie Ihren Werbebrief schreiben.**
Nutzen Sie ein Blatt, auf welchem Sie alles auf-
zeichnen, was Sie über Ihren Zielkunden wissen.

**Tipp 5: Halten Sie Ihr Anschreiben so lang,
wie es sein muss.** Sie können daraus einen kurzen 2-seitigen Artikel oder ein 50-seitiges E-Book
machen. Der wesentliche Zweck beider ist es,
Emotionen zu wecken und zum Handeln aufzufordern.

WELCHE GRUNDLEGENDEN FRAGEN SOLLTE IHR VERKAUFSBRIEF BEANTWORTEN?

Wer sind Ihre potenziellen Kunden?

Bevor Sie Ihren Werbebrief verfassen, müssen Sie Ihre Kundengruppe ins Visier nehmen. Sie sollten wissen, an wen Sie Ihr Produkt oder Ihre Dienstleistung verkaufen wollen. Wenn Sie einen Golfschläger anbieten würden, der für das Golfspielen entwickelt wurde, würden Sie ihn nicht an Männer im Allgemeinen vermarkten. Sie würden ihn auf die Leute zuschneiden, die Golf spielen. Sie müssen sehr spezifisch sein.

Wie unterscheidet sich Ihr Produkt oder Ihre Dienstleistung von anderen?

Wodurch unterscheidet sich Ihr Produkt von dem der Konkurrenz? Haben Sie eine vergleichende Studie durchgeführt? Wenn es etwas Einzigartiges an Ihrem Produkt gibt, dann zeigen Sie es den Lesern.

Warum sollte der Interessent Glauben haben?

Bei all den Betrügereien und gefälschten Informationen, die in der Werbung verbreitet werden, stellt sich sehr schnell Skepsis ein. Sie müssen also dafür sorgen, dass Ihr Interessent das, was Sie ihm sagen, für die unumstößliche Wahrheit hält. Bauen Sie Ihre Glaubwürdigkeit auf, indem Sie Statistiken und Erfahrungsberichte anbieten.

Was sind die Vorteile, die Ihr Produkt oder Ihre Dienstleistung dem Verbraucher bietet?

Führen Sie alle sichtbaren und nicht so sichtbaren Vorteile auf, die Ihr Produkt unwiderstehlich machen.

Warum könnte Ihr Interessent Ihr Angebot ablehnen?

Versetzen Sie sich in die Lage Ihres Kaufinteressenten. Auf diese Weise wissen Sie, welche Vorbehalte oder Einwände er haben könnte. Sobald Sie sie kennen, arbeiten Sie daran und lösen die Fragen.

Warum sollte Ihr Interessent jetzt handeln?

Die abschließende Frage, die Sie Ihrem Interessenten beantworten müssen, ist, warum er ohne weiteres handeln muss. Geben Sie ihm einen echten Grund zum sofortigen Handeln. Machen Sie ihm einen Sonderpreis, wenn er innerhalb der nächsten Tage handelt. Oder sagen Sie ihm, dass die Mengen begrenzt sind und dass Sie, sobald der Bestand erschöpft ist, nicht mehr zum gleichen Preis verkaufen werden. Vergewissern Sie sich nur, dass Ihr Aufruf glaubwürdig ist.

IST ÄSTHETIK FÜR IHREN WERBEBRIEF WICHTIG?

Ist das Aussehen für Sie wichtig? Wie die meisten Menschen – einschließlich Ihrer Kunden und Interessenten – lautet Ihre Antwort „Ja". Vor allem im Verkauf ist das Aussehen entscheidend. In einer Wettbewerbssituation zum Beispiel kann das Aussehen des Verkäufers bei sonst gleichen Voraussetzungen ausschlaggebend dafür sein, wer das Geschäft abschließt.

Auch das Erscheinungsbild ist entscheidend für den Erfolg Ihres Werbebriefs.

Der Vermarkter mit einer sehr gezielten Mailing-liste, einem starken Angebot und einem gelunge-nen Text – und jener, der darauf achtet, wie sein Brief aussieht –, wird mit Sicherheit mehr Ange-bote erhalten als derjenige, der sich nur auf den Inhalt konzentriert, ohne auf die Ästhetik zu ach-ten. Je einprägsamer er ist, desto besser.

Tipps, wie man einen Werbebrief gut aussehen lässt:

Tipp 1: Verwenden Sie immer eine leserfreundli-che Schriftart. Fast alle Zeitungen und Nachrich-tenmagazine verwenden für ihre redaktionellen Inhalte meist Serifenschriften. Schriftarten wie Times New Roman, Courier und Century sind weitaus besser lesbar als Schriftarten wie Arial oder Helvetica.

Tipp 2: Gestalten Sie Ihre Überschrift einpräg-sam. Außerdem sollten Sie Ihren einleitenden Ab-satz auf eine bis drei Zeilen beschränken.

Tipp 3: Versuchen Sie, die Länge aller Absätze auf 4 bis 6 Zeilen zu begrenzen. Ihr Brief sollte ein ein-ladendes, leserfreundliches Aussehen haben. Ihr

Interessent wird sicher nicht begeistert sein, wenn er plumpe Absätze mit 9 bis 11 Sätzen sieht.

Tipp 4: Variieren Sie die Länge Ihrer Absätze, damit sie nicht zu langweilig werden.

Tipp 5: Setzen Sie den Text Ihres Schreibens in 10-11 Punkt und verwenden Sie Zwischenüberschriften, Aufzählungszeichen und andere Hilfsmittel, um die Aufmerksamkeit zu wecken. Denken Sie immer an die Zielgruppe, für die Sie schreiben. Wenn Sie für die Zielgruppe der 20-Jährigen schreiben, können Sie höchstwahrscheinlich sogar 10-Punkt-Schrift verwenden. Wenn Sie sich hingegen an den „erwachsenen" Markt wenden, sollten Sie eine 14-Punkt-Schrift verwenden. Zentrierte, hervorgehobene Untertitel und andere aufmerksamkeitsfördernde Elemente können die Leserschaft erhöhen.

Zwischenüberschriften, Aufzählungen, Hervorhebungen und andere Hilfsmittel verleihen Ihrem Schreiben zusätzliche Attraktivität und erhöhen die Resonanz. Achten Sie jedoch darauf, diese Hilfsmittel sorgfältig einzusetzen. Ein übermäßiger Gebrauch kann ihre Gesamtwirkung zunichtemachen.

Wenn Sie diese 5 Tipps beherzigen, ziehen Sie mehr Blicke auf sich, sorgen für eine längere Lesezeit, generieren mehr Leads und schließen letztlich mehr Verkäufe ab.

Denken Sie immer daran, dass Ihr Schreiben mit vielleicht Dutzenden anderen Werbebriefen konkurriert, die Sie jeden Tag erhalten und die von Verkäufern verschickt werden, die um Aufmerksamkeit buhlen. Um aus diesem Durcheinander herauszustechen, muss Ihr Anschreiben hervorragend, vielfältig, kompetent und relevant sein.

VERBESSERN KURZE, KRAFT-VOLLE SÄTZE DIE WIRKUNG IHRES WERBEBRIEFS?

Ein Slogan ist ein „Substantiv, das in der Regel wiederholt und überzeugend ist und einen einprägsamen Satz, ein Motto oder einen Jingle darstellt, der ein bestimmtes Ziel oder Konzept zum Ausdruck bringt. Ein Konzept, das sich in den

Köpfen der Zuhörer einprägen soll wie Klebstoff auf Papier".

Was macht einen Slogan unvergesslich? Der erste zu berücksichtigende Aspekt ist die Prägnanz – normalerweise 10 Wörter oder weniger. Der Slogan sollte einem bestimmten Rhythmus folgen.

Zweitens: Welche Vorteile hat die Verwendung von Slogans? Wie bereits erwähnt, entspricht die Kürze den Anforderungen der heutigen Schnelllebigkeit. Slogans manipulieren auch Entscheidungen, überzeugen und schaffen Vertrauen. Ein Slogan erleichtert es dem Interessenten in der Regel, sich an ein Produkt oder eine Dienstleistung zu erinnern und sie zu identifizieren.

Einfache, kraftvolle Sätze motivieren die Gefühle Ihrer Kunden und erzeugen eine emotionale Entscheidung, bei Ihnen zu kaufen. Sie können Ihren Umsatz steigern, indem Sie in Ihren Werbebriefen kraftvolle Formulierungen verwenden.

Eine starke Formulierung hilft Ihrem Kunden, sich vorzustellen, wie er sich fühlen wird, wenn er Ihr Produkt besitzt oder Ihre Dienstleistung in Anspruch nimmt. Sie erzeugt ein imaginäres Gefühl und motiviert Ihren Kunden, dieses Gefühl in die

Realität umzusetzen. Kraftausdrücke steigern die Sehnsucht des Kunden nach Ihrem Produkt oder Ihrer Dienstleistung und führen zu einer emotionalen Kaufentscheidung.

Die Erstellung einer Power-Phrase ist einfach. Beginnen Sie damit, einige der wichtigsten Vorteile aufzuzeichnen, die Ihre Kunden erhalten, wenn sie sich für einen Kauf bei Ihnen entscheiden. Dann fügen Sie einige ausdrucksstarke Aktionswörter zu einem oder mehreren dieser Vorteile zu einer kurzen Phrase zusammen.

Nachfolgend finden Sie einige Beispiele für Power-Phrasen, die von verschiedenen Arten von Unternehmen verwendet werden:

„Schnell! Einfach! Erschwinglich!"

„Ich versichere Ihnen, dass Sie mit meinem Produkt sofort ein Ergebnis erzielen werden."

Achten Sie auf die Wörter, die in den beiden obigen Kraftausdrücken verwendet werden. Kraftausdrücke verwenden wirksame Wörter, um eindringliche Aussagen zu machen.

Die effektivsten Powerphrasen vereinen in der Regel 3 Wörter oder 3 Wortgruppen in einer Reihe. Nehmen Sie zum Beispiel:

„Zeit sparen. Geld sparen. Spart Ärger."

„Schnell! Einfach! Erschwinglich!"

„Genießen Sie es zu Hause, im Büro oder im Auto."

„Autorität, Leistung und Schwung!"

Es gibt fünf Haupttypen von Slogans:

o **Ein Merkmal**: eine Besonderheit oder ein Unterschied zwischen einer Substanz, einem Produkt oder einem Gegenstand. Beispiel: „Schreibe ein E-Book in 10 Tagen."

o **Ein Nutzen**: ein Ergebnis, das jemand erhält. „Denken Sie daran, dass Sie dadurch [Zeit oder Geld] sparen."

o **Eine Frage:** Denkanstöße. „Wie würden Sie gerne Geld verdienen, ohne einen einzigen Cent investieren zu müssen?"

o **Eine Herausforderung**: eine Mutprobe. Beispiel: Die Marinesoldaten – „Wir suchen nur ein paar außergewöhnliche Männer."

o **Eine Struktur**: ein Entwurf, der für einen bestimmten Zweck zusammengestellt werden kann.

Es gibt sieben Möglichkeiten, einen Slogan einprägsam zu machen:

o Machen Sie es spannend

o Arrogant sein

o Selbstreferenzierung

o Bildlich, spielerisch oder humorvoll

o Inspirierend oder motivierend

o Schmerzhafte Erinnerungen erzeugen

o Verwendung einer dramatischen Sprache

Lebensslogans tragen dazu bei, Ziele und Träume
zu stärken und sogar Überzeugungen zu ändern.
Im Geschäftsleben werden Slogans in der Regel
zur Selbstdarstellung, für Präsentationen, auf
Websites, in E-Mail-Signaturen und sogar bei Vor-
trägen verwendet. Lassen Sie sich etwas einfallen,
verwenden Sie in jedem Ihrer Verkaufs- und Mar-
ketingprozesse einen Slogan und ändern Sie ihn
bei Bedarf regelmäßig.

Wo fangen Sie an, Slogans zu entwickeln? Le-
sen Sie alle Ihre Notizen oder Materialien durch.
Betonen Sie Phrasen, die viel Energie enthalten.
Reime helfen bei der Erstellung hervorragender
Slogans. Lesen Sie Gedichte, um Hinweise oder

Sprache zu finden, die Sie beeinflussen oder inspirieren.

WARUM BESTIMMTE WERBE-BRIEFE SCHLECHT ANKOMMEN

Jeder Berater kann Ihnen sagen, dass es zahlreiche Methoden gibt, um einen Verkauf zu verlieren, selbst wenn Sie sicher sind, ihn zu gewinnen. Meistens liegt das Schlupfloch im Verkaufsbrief selbst. Die meisten Verkäufer sabbern, wenn Kunden um Angebote bitten. Schließlich ist es aufregend, einem potenziellen Kunden die eigenen Produkte zu präsentieren, ihn zu überzeugen und dann den Vertrag abzuschließen. Aber es ist gar nicht so einfach, ein beeindruckendes Angebot zu erstellen, und der Prozess erfordert viel Zeit und Energie.

Nachfolgend sind einige der Gründe aufgeführt, warum ein Verkaufsbrief an Umsatz verliert und wie man dies vermeiden kann.

1. Spielen Sie nicht den einsamen Verwalter

Manche recherchieren gründlich über den Kunden und das Projekt und denken, das sei mehr als genug. Dann setzen sie sich hin und erstellen ihren Vorschlag in Isolation. Das ist ein schwerer Fehler. Man kann nicht einfach ein Angebot erstellen, wenn der Kunde nicht aktiv an jeder Phase des Angebotsprozesses beteiligt ist, einschließlich der Recherche, der Ziele, des potenziellen Nutzens, des Umfangs, des Ansatzes und so weiter.

2. Beginnen Sie nicht mit Ihren Qualifikationen

Beginnen Sie Ihr Angebot nicht mit der großartigen Geschichte Ihres Unternehmens. Ihre Kunden sind daran interessiert, was Sie tatsächlich für sie tun können. Beginnen Sie Ihren ersten Absatz mit dem Programm und nicht damit, wie großartig Sie sind.

3. Vernachlässigen Sie nicht die Executive Synopsis

Viele Entscheidungsträger stören sich vor allem an zwei Dingen: an der Zusammenfassung und am Preis. Dennoch ist es erstaunlich, dass einige Verkäufer keine Zusammenfassungen in ihre Verkaufsbriefe aufnehmen. Entscheider verlassen sich auf die Zusammenfassung, um sicherzugehen, dass Sie verstehen, was sie zu erreichen versuchen. Wenn Sie die Zusammenfassung weglassen, können Sie sicher sein, dass Ihr Schreiben im Papierkorb landet.

4. Konzentrieren Sie sich nicht nur auf Ihre Werkzeuge

Die Kunden interessieren sich nur für das Ergebnis, nicht für die Instrumente, Methoden und Ansätze, die Sie verwenden, um das Ergebnis zu erreichen. Reden Sie nicht darüber, wie Sie dies und jenes tun wollen. Sagen Sie ihnen, was Sie tun können und wie schnell. Das „Wie" kann später besprochen werden, wenn Sie das Projekt an Land gezogen haben.

5. Kurz und bündig

Untersuchungen zeigen, dass Kunden, wenn sie die Wahl haben, eher ein kürzeres Angebot in Betracht ziehen, als sich in einem langen, windigen, mit Grafiken und Standardformulierungen vollgestopften Verkaufsbrief zu verlieren. Halten Sie Ihre Angebote so kurz wie möglich, aber achten Sie darauf, dass Sie die Anforderungen Ihrer Kunden erfüllen.

6. Verwenden Sie nicht denselben Lebenslauf

Jede Situation ist in gewisser Weise anders als die andere. Sie können also nicht jedem den gleichen Lebenslauf vorlegen. Bereiten Sie verschiedene Vorlagen vor. Passen Sie Ihren Lebenslauf für jeden Kunden an. Lassen Sie die Kunden wissen, welche unterschiedlichen Erfahrungen Sie haben.

7. Überladen Sie Ihr Angebot nicht mit Jargon

Die meisten Werbebriefe sind voll von Fachjargon und technisch klingenden Wörtern. Eine solche blumige Sprache mag für Lehrbücher geeignet sein, aber sie schreckt den Kunden in der Regel ab. Versuchen Sie, eine einfache und informative Sprache zu verwenden.

8. Nicht ausschneiden und einfügen

Um Zeit zu sparen, glauben manche Unternehmen an das Cut-and-Paste-Syndrom. Und was ist das Ergebnis? Der Kunde erhält das Angebot des einen Unternehmens mit dem Namen und der Adresse eines anderen oder umgekehrt. Gehen Sie das Anschreiben noch einmal gründlich durch, bevor Sie es an den Kunden schicken oder auf Ihre Website stellen. Sparen Sie sich die Peinlichkeit.

9. Pünktlich sein

Versuchen Sie nicht, Ihre Kunden zu bluffen. Wenn Sie die Frist für die Einreichung des Verkaufsvorschlags verpasst haben, seien Sie ehrlich und bitten Sie um eine Verlängerung. Versuchen Sie nicht, unsinnige Ausreden zu erfinden.

Ein brillanter Vorschlag kann ausschlaggebend dafür sein, dass Sie den Zuschlag für ein Projekt erhalten; ein schlechter Vorschlag kann dazu führen, dass Sie es vergeigen, selbst wenn andere Dinge im Verkaufsprozess perfekt gelaufen sind. Versuchen Sie also, die oben genannten grundlegenden Fehler zu vermeiden.

WAS SIND TÖDLICHE FEHLER IN VERKAUFSBRIEFEN?

Wenn Sie erfolgreich sein wollen, muss der Interessent Ihren Werbebrief öffnen, lesen, glauben und darauf reagieren. Um dies zu erreichen, muss er Interesse wecken und ein Verlangen nach Ihrem Produkt oder Ihrer Dienstleistung erzeugen.

Ein erfolgreicher Werbebrief soll das gleiche Ergebnis erzielen wie ein erfolgreicher Verkäufer. Ähnlich wie ein Verkäufer wird auch der Werbebrief bestimmte Fehler vermeiden wollen.

Hier sind ein paar tödliche Fehler, die die meisten Werbebriefe machen.

Lethal Sales Letter Fehler # 1 – Versuchen Sie nicht, Massen-Mailer zu verwenden. Sie versenden Ihren Werbebrief als Massenversand. Aber der Empfänger wird diese Tatsache nicht zu schätzen wissen. In dem Moment, in dem er sieht, dass es sich um eine dieser Massenmails handelt, wird er sie löschen.

Wenn Sie Ihr Schreiben mit einer „Herdenmentalität" verfassen, anstatt sich auf einen einzelnen, individuellen Interessenten zu konzentrieren, schadet das der Chance, dass Ihr Schreiben eine echte Verbindung zum Leser herstellt.

Ein Werbebrief ist das einzige Marketinginstrument, das von Mensch zu Mensch wirkt. Gestalten Sie ihn also so persönlich wie möglich.

Tödlicher Fehler Nr. 2 – Schreiben Sie keine langen, langweiligen Briefe. Was ist Ihrer Meinung nach ein langer Brief? Selbst ein einseitiger Brief kann lang erscheinen. Das liegt daran, dass nicht die Länge lang ist, sondern der Inhalt des Briefes.

Menschen sehen sich lange Filme an, lesen lange Bücher und so weiter. Aber nur, wenn sie interessant sind. Wenn Sie immer wieder langweilig werden, dann ist die Wahrscheinlichkeit groß, dass Sie in der nächsten Mülltonne landen.

Bieten Sie ein geeignetes Produkt oder eine geeignete Dienstleistung zu einem angemessenen Preis an und präsentieren Sie es auf interessante Weise. Die Hälfte der Schlacht ist gewonnen.

Tödlicher Fehler Nr. 3 – Halten Sie sich nicht nur an grammatikalisch korrektes, formales Deutsch. In der Schule wurden Ihre Lehrer und Professoren dafür bezahlt, Ihre Arbeiten nach den formalen Regeln der Grammatik zu korrigieren. Aber in der Realität ist das ein ganz anderes Spiel.

Sie sollten Ihr Schreiben in einer „gewöhnlichen" und informellen Sprache verfassen, um es benutzerfreundlicher zu machen. Möglicherweise müssen Sie gegen bestimmte Grammatikregeln verstoßen. Vielleicht müssen Sie Sätze mit „und" oder „aber" beginnen. Möglicherweise müssen Sie Abkürzungen und Wortfragmente verwenden. Das Hauptziel eines Werbebriefs ist nicht, die

Note 1 zu bekommen, sondern Verkäufe zu generieren.

Tödlicher Fehler Nr. 4: Erlauben Sie dem Leser keine Ausrede, warum er Ihr Schreiben nicht liest. In Wirklichkeit interessiert es niemanden, wer Sie sind oder welches Produkt oder welche Dienstleistung Sie anbieten. Sie sind nur daran interessiert, wie sie von Ihnen profitieren können.

Sie müssen also in den ersten 20 Sekunden oder sogar noch weniger die Aufmerksamkeit auf sich ziehen. Beginnen Sie mit einem provokanten Satz oder Slogan. Versuchen Sie, die Emotionen anzusprechen. Ihr Ziel sollte es sein, die Aufmerksamkeit des potenziellen Kunden zu gewinnen.

Tödlicher Verkaufsbrief-Fehler Nr. 5: Sie legen Ihre Referenzen nicht richtig dar.

Die Beweise, die Sie in Ihrem Anschreiben zur Untermauerung Ihres Stammbaums anführen, können ganz unterschiedliche Formen annehmen. Zum Beispiel:

Fügen Sie Zeugnisse von Menschen ein, die Ihr Produkt oder Ihre Dienstleistung genutzt und davon profitiert haben. Fügen Sie sie in Form von Geschichten ein. Um Ihre Zeugnisse noch aussagekräftiger zu machen, fügen Sie Bilder Ihrer

Kunden mit deren Namen, Adressen und Telefonnummern ein. Die meisten Leser werden nicht anrufen, um das herauszufinden. Aber wenn Sie die Zahlen angeben, verleiht Ihnen das mehr Glaubwürdigkeit.

WAS SIND DIE FALLSTRICKE EINES „WAS WÄRE WENN"- ANSATZES?

„Wie wäre es, wenn ich Ihnen zeigen könnte, wie Sie Geld sparen können, obwohl Sie Ihre täglichen Ausgaben nicht reduzieren?"
„Was, wenn ich Ihnen sage, dass Sie Ihren Marktanteil in 3 Monaten steigern können?"
„Wie wäre es, wenn ich Sie in kürzester Zeit abnehmen lasse?"

Was aber, wenn Sie ein potenzieller Verbraucher sind, der diese „falschen" Aussagen schon einmal gehört hat? Glauben Sie, dass Sie dann überhaupt genug Motivation haben, um zu kaufen?

Schematische Verkaufspraktiken sind selten erfolgreich, wenn es darum geht, mit dem Widerstand der Kunden umzugehen, und sie haben in der Welt des kompetenten Verkaufs wirklich keinen Platz.

Die echte Methode besteht darin, die Widerstände Ihrer potenziellen Kunden bereits während des Verkaufsprozesses zu beseitigen. Das bedeutet, dass Sie frühzeitig die richtigen Fragen stellen und Ihr Produkt oder Ihre Dienstleistung so anpassen, dass es bzw. sie das Problem löst.

Es ist wahr, dass viele Menschen Einwände gegen den Kauf Ihrer Produkte haben werden. Der beste Ausweg aus dieser Situation ist, sich nach ihren wirklichen Bedürfnissen zu erkundigen, zu versuchen, ihre Probleme zu ermessen, und ihnen ein Produkt oder eine Dienstleistung anzubieten, die ihnen tatsächlich nützt. Und dafür müssen Sie sich viel Zeit für sie nehmen.

Sie müssen erstklassige Fragen stellen, die Ihren Kunden zum Nachdenken anregen. Das mag sehr einfach klingen, ist aber in Wirklichkeit sehr kompliziert, denn anspruchsvolle Fragen sind schwer zu stellen. Viele Verkäufer betrachten diese Art von Fragen als persönlich und gehen oft davon aus, dass ihre Kunden nicht begeistert sein werden, sie zu beantworten.

Es ist wichtig, sich daran zu erinnern, dass die meisten Menschen schwierige Fragen stellen und folglich keine oder nur geringe Unsicherheiten bei der Beantwortung haben. Im Gegenteil, es wird Ihre Position in ihren Augen verbessern.

Sie können Fragen stellen wie:

o Was sind Ihre kurzfristigen Ziele?

o Wie beabsichtigen Sie, diese Ziele zu erreichen?

o Auf welche Schwierigkeiten stoßen Sie bei der Erreichung dieser Ziele?

Ihr grundlegendes Ziel in diesem Gespräch ist es, herauszufinden, welches Problem der Interessent hat und wie Sie und Ihr Produkt oder Ihre Dienstleistung es lösen können.

Lassen Sie uns nicht vor der Wahrheit davonlaufen. Die Käufer sind heute viel komplizierter als je zuvor und höchstwahrscheinlich haben sie schon alles gehört, was Sie sagen wollen. Und sie verabscheuen Leute, die klischeehafte und traditionelle Sätze oder manipulative Ansätze verwenden.

Die meisten Menschen äußern bestimmte Einwände hinsichtlich einer Kaufentscheidung. So kommen Verkäufe zustande, weil Ihr Kunde den

Wert Ihres Produkts oder Ihrer Dienstleistung erkennt oder weil Sie sich als Spezialist erwiesen haben, der ihm bei der Lösung eines Problems helfen kann.

Die Frage „Was wäre, wenn ich könnte" ist kein erfolgreicher Vorstoß. Das ist ein Klischee und funktioniert heutzutage kaum noch.

WAS IST ZU TUN, WENN SIE EINFACH KEINEN VERKAUFSBRIEF SCHREIBEN KÖNNEN?

Sie wollen einen Werbebrief verfassen, aber Sie finden einfach nicht die richtigen Worte. Sie denken und denken und denken, aber ohne Erfolg. Was tun Sie jetzt?

Das ist eine wirklich ärgerliche Situation und kann uns allen jederzeit passieren. Aber es gibt eine gute Möglichkeit, die kreativen Säfte zum Fließen zu bringen.

Fragen stellen

Kennen Sie Ihr Produkt wirklich?

Angenommen, Sie verkaufen ein Laufband. Sie müssen wirklich wissen, wie es sich anfühlt, es zu benutzen. Wann kann man es benutzen? Was sind die Einschränkungen und Nebenwirkungen?

Wenn man sein Produkt kennt und schätzt, hat man das Bedürfnis, der ganzen Welt davon zu erzählen. Es zu loben. Es zu lieben. Es zur Schau zu stellen.

Damit ist die erste Hürde überwunden. Nun, da Sie das Produkt kennen und sich in es verliebt haben, können Sie es beschreiben.

Notieren Sie dann die Gründe dafür und wie es Ihnen helfen wird, wenn überhaupt. Wird es mein Leben einfacher machen? Bringt es einen Mehrwert? Wird es ein Problem lösen? Ist es außerdem zu teuer? Ist es zu hässlich? Und so weiter.

Listen Sie alles auf: das Gute, das Schlechte und sogar das Hässliche.

Sie müssen den Grund herausfinden, warum die Leute überhaupt bei Ihnen kaufen werden.

Was ist so einzigartig an Ihrem Produkt oder Ihrer Dienstleistung? Der beste Weg, dies zu tun, ist ein Brainstorming.

Schon bald werden so viele Meinungen auf Sie einprasseln, dass Sie nicht mehr mithalten können. Setzen Sie den Prozess einfach fort, bis Sie alle Ideen ausgeschöpft haben.

Wenn Sie damit fertig sind, müssen Sie nur noch einen Blick auf Ihre Notizen werfen und eine Liste aller spektakulären Ideen erstellen, die Sie haben. Listen Sie sie in der Reihenfolge ihrer Priorität auf.

Jetzt haben Sie den Entwurf für Ihren Brief.

Nutzen Sie die wichtigste Grundlage auf der Liste, das Hauptmotiv, warum jemand Ihr Produkt kaufen sollte, und machen Sie daraus eine wunderbare Überschrift.

Lassen Sie die Ideen auf der Liste in Ihr Anschreiben einfließen und verwenden Sie Zwischenüberschriften oder Hervorhebungen, wenn Sie einen Punkt betonen wollen. Bald wird sich Ihr Brief fast von selbst geschrieben haben.

Wenn Sie Ihren Brief schreiben, denken Sie daran, ihn immer nur an eine Person zu schreiben. Machen Sie ihn zu etwas Besonderem!

DER UNTERSCHIED ZWISCHEN EINEM WERBEBRIEF UND EINER ANZEIGE

Oft werden die Begriffe Anzeige und Werbebrief verwechselt. Beide dienen dazu, neue Kunden zu gewinnen oder ein Produkt oder eine Dienstleistung zu verkaufen. Aber es gibt erhebliche Unterschiede in der Art und Weise, wie sie wirken.

Ein Werbebrief ist eine individuellere Form der Werbung als jede Anzeige. Eine Anzeige in einer Zeitschrift oder Zeitung wird von Tausenden oder gar Millionen von Lesern wahrgenommen. Ein Werbebrief ist nur für die Augen des Lesers bestimmt. Auch wenn Werbebriefe oft in großen Mengen gedruckt werden, empfindet der Leser die Post als persönlicher als eine Anzeige in einer Zeitung oder Zeitschrift.

Im Gegensatz zu einer Anzeige ist ein Werbebrief persönlicher, informeller und herzlicher. Dadurch wird ein ungezwungener und natürlicher Ton vermittelt. Auf diese Weise bekommt der Leser ein besseres Gefühl für den Charakter, das Interesse und die Ernsthaftigkeit des Schreibers.

AUFMERKSAMKEIT IST ENTSCHEIDEND

Für jeden Vermarkter ist Aufmerksamkeit ein kostbares Gut. Angesichts der Tatsache, dass die

Verbraucher täglich mit Tausenden von Werbebriefen bombardiert werden, wird die Herausforderung, wie man seine Botschaft aus der Masse hervorhebt, noch größer.

Jeder erfolgreiche Werbebrief muss zwei Dinge erreichen:

1. Er muss den Interessenten dazu bringen, das gesamte Schreiben zu lesen.

2. Er muss den Interessenten dazu bringen, die gewünschte Handlung auszuführen.

Wenn der Vermarkter Schritt 1 nicht erreicht hat, ist Schritt 2 unmöglich.

Viele Vermarkter versuchen, den Briefumschlag sehr attraktiv zu gestalten. Sie wissen, dass ihre Schlacht schon halb gewonnen ist, wenn sie den Interessenten dazu bringen können, den Brief zu öffnen.

Für Online-Vermarkter gibt es keine Aussicht auf einen Umschlag. Einige Webmaster erstellen Flash-Bilder, um Leser anzulocken.

Tipps für mehr Aufmerksamkeit:

1. Etliche Tests haben gezeigt, dass eine ROTE Überschrift eher wahrgenommen wird als jede andere Schriftfarbe. Die Farbe Rot wird oft mit

Gefahr in Verbindung gebracht, aber sie bedeutet auch: „Das ist wichtig. Lies mich!"

2. Entfernen Sie alles von der Seite, was die Verkaufsbotschaft nicht unterstützt oder von ihr ablenkt. Dazu gehören die meisten animierten Grafiken und intensive Farben für den Seitenhintergrund, die mit dem Text im Vordergrund konkurrieren. Nichts spricht gegen eine einfache schwarze Schrift auf weißem Hintergrund. Wenn Sie die Anzahl der verwendeten Farben auf drei oder weniger beschränken können, trägt dies ebenfalls dazu bei, das Dokument leserfreundlich zu gestalten.

3. Machen Sie den Text nicht zu breit, da es sonst eintönig wird, von einer Zeile zur nächsten zu lesen, weil zu viele Kopf- und Augenbewegungen erforderlich sind.

4. Die Überschrift muss einprägsam und interessant sein und sollte dem Leser sofort ins Auge springen.

5. Das Format und die Gestaltung des Anschreibens sollten ansprechend sein. Geeignete Hervorhebungen, Fettdruck, Aufzählungszeichen und Zwischenüberschriften machen den Brief einfach zu lesen.

6. Gestalten Sie das Schreiben sehr einladend und ansprechend.

7. Das Schreiben sollte den Nutzer zum Weiterlesen auffordern. Sie müssen den Interessenten dazu bringen, weiterzulesen.

8. Seien Sie EXKLUSIV. Wenn alle Werbebriefe in Ihrer Branche gleich aussehen und sich gleich lesen, warum sollte ein Interessent dann Ihren lesen? Sie können Maskottchen, Humor, Cartoons und so weiter verwenden.

9. Konzentrieren Sie Ihre Botschaft auf den Leser, nicht auf Ihr Unternehmen oder Ihr Produkt. Dies ist ein Hauptfehler der großen Unternehmen, die meinen, dass jeder wissen sollte, wie großartig ihre Unternehmen sind. Aber Ihr potenzieller Kunde ist im Wesentlichen von egoistischen Wünschen beseelt. Er muss wissen, was für ihn dabei herausspringt.

EINE SCHNELLE LEKTION IM SCHREIBEN VON VERKAUFSBRIE-FEN IN EINER KLAREN ART UND WEISE

Welche Art von Werbebrief wird gelesen? Welche Art von Verkaufsbrief fördert den Verkauf? Welcher Werbebrief hält das Interesse des Lesers bis zum letzten Wort aufrecht?

Ich würde sagen, dass es mit dem „Plauderton" des Werbebriefs zu tun hat. Sie haben das Gefühl, bei einem guten Freund zu Hause zu sein, der Ihnen bei einem erfrischenden Getränk und Snacks einen Rat gibt. Sie sind entspannt und fühlen sich wohl.

Wie erzeugen Sie also einen gesprächigen Ton?

1) Verwenden Sie prägnante Sätze. Wenn Sie sich mit einem Freund unterhalten, sprechen Sie in kurzen Sätzen. Sie verwenden keine langen, verschlungenen und schwierigen Sätze, die mit Jargon gefüllt sind.

2) Verwenden Sie beschreibende Wortbilder. Verwenden Sie Wörter, die ein Bild in Ihrem Kopf entstehen lassen. Beschreiben Sie dieses gründlich. Erzeugen Sie ein Bild.

3) Schreiben Sie, was Ihnen aus dem Herzen kommt. Editieren Sie, wenn Sie mit Ihrem Freund sprechen? Selten. Schreiben Sie auch weiterhin, was Ihnen aus dem Herzen kommt.

4) Sprechen Sie mit Ihrem potenziellen Kunden in seiner eigenen Sprache. Erwähnen Sie etwas, mit dem er sich identifizieren kann und das nicht zum Fachjargon gehört.

Probieren Sie es einfach aus und sehen Sie die Veränderung.

Einige Tipps zur besseren Formatierung Ihres Werbebriefs

1. Die Überschrift sollte einprägsam sein und sich am Scheitelpunkt der Seite befinden, damit der Leser sie ohne Scrollen lesen kann.

2. Die beste Farbe für die Überschrift ist ROT.

3. Fügen Sie Ihren Namen oben auf der Seite und vor dem „Verkaufstext" sowie am Ende des „Verkaufstextes" ein.

4. Scannen Sie Ihre echte Unterschrift ein und fügen Sie sie ein.

5. Verwenden Sie Zwischenüberschriften.

6. Die Unterüberschriften sollten die gleiche Farbe haben wie die Hauptüberschrift, nämlich ROT.

7. Lenken Sie die Aufmerksamkeit auf Ihre Zeugnisse, indem Sie sie in separaten Kästen einschreiben. Sie können auch eine andere Farbe für die Kästen verwenden.

8. Ein guter Erfahrungsbericht sollte genau angeben, was dem zufriedenen Kunden an Ihrem Produkt, Ihrer Dienstleistung usw. gefallen hat. Heben Sie das Besondere hervor, das der Person gefallen hat.

9. Versuchen Sie, den Preis nicht in Rot zu setzen, denn Rot bedeutet Stopp. Das mag gut für die Überschrift sein, aber nicht für den Preis.

10. Boni sollten sich auf Ihr Angebot beziehen.

11. Heben Sie wichtige Teile Ihres Anschreibens hervor.

12. Verwenden Sie eine Zahlungsmethode, die eine gewisse Glaubwürdigkeit und Akzeptanz genießt, und noch besser: Bieten Sie mehrere verschiedene Zahlungsarten an.

13. Genau wie auf dem Papier fesseln Haftnotizen auf Ihrer Website die Aufmerksamkeit Ihrer

Besucher für ein paar Sekunden. Sorgen Sie dafür, dass diese Sekunden für Sie arbeiten.

14. Verwenden Sie Weißraum, um das Durcheinander zu unterbrechen. Gönnen Sie dem Auge eine Pause.

15. Die gewählte Schriftart und die Farbe sollten gut lesbar und ansprechend sein.

16. Ein Werbebrief sollte immer eine Aufforderung zum Handeln enthalten. Geben Sie an, wie Ihr Interessent handeln soll. Gehen Sie nicht davon aus, dass er es schon wissen wird.

WAS IST BESSER – EIN LANGER ODER EIN KURZER WERBEBRIEF?

Bringt ein langer Werbebrief mehr Umsatz als ein kurzer? In der Tat ist lang oder kurz relativ. Das grundlegende Ziel ist es, interessant zu sein. Wenn der Werbebrief interessant ist, dann kann er Ihr Produkt oder Ihre Dienstleistung verkaufen, unabhängig davon, ob er eine Seite oder 24 Seiten lang ist.

Es hat sich gezeigt, dass ein langer, interessanter Werbebrief immer mehr Interessenten in kaufende Kunden verwandelt.

Warum ist das so? Ein langer und interessanter Werbebrief gibt dem Leser das Gefühl, bei einem Freund zu sein. Er erweckt ein Gefühl der Verbundenheit, das sich im Laufe des Briefes vertieft. Er spricht mit ihm, als würde er ihn kennen und sich um ihn kümmern. Er schafft eine Bindung.

Ihr Schreiben muss sich mit Ihren potenziellen Kunden identifizieren und versuchen, deren wirkliche Bedürfnisse zu erkennen. Der Brief sollte ihnen das Gefühl geben, dass Sie sich in den Leser einfühlen und sein Problem erkennen.

Er sollte ihnen das Gefühl geben, dass Sie sich wirklich um sie kümmern.

Das schafft ein Gefühl des Vertrauens. Der Interessent hat das Gefühl, dass Sie seine Probleme sicher verstehen, und wartet gespannt auf Ihre Lösung.

Ihr Schreiben sollte für jeden Interessenten individuell gestaltet werden. Vermeiden Sie die „Massenmentalität".

Vertrauen ist die wichtigste Emotion, die Sie gewinnen müssen. Sobald Ihre potenziellen Kunden Ihnen vertrauen, werden sie Ihr Produkt oder Ihre Dienstleistung nicht nur kaufen, sondern auch gerne weiterempfehlen. Mundpropaganda ist ein weiteres wertvolles Marketinginstrument.

Verwenden Sie also lange, interessante Texte für Ihr Anschreiben.

MÜSSEN SIE IMMER KORREKTES DEUTSCH VERWENDEN?

Viele Werbetexter glauben, dass sie beim Verfassen von Werbebriefen immer eine korrekte Rechtschreibung und geschliffenes Deutsch verwenden müssen. Das ist jedoch nicht immer der Fall. Werbetexten hat sehr wenig mit „richtigem Schreiben" zu tun.

Nur ein kleiner Teil des gesamten Schreibens betrifft das „eigentliche Schreiben". Es geht im Wesentlichen darum, wie Sie ihn formatieren und wie Sie Ihrem potenziellen Kunden Informationen präsentieren.

Zum Beispiel: Was wäre, wenn ich Ihnen einen Brief schicken würde, der mit einem veralteten, kaputten Textverarbeitungsprogramm getippt wurde und alle möglichen grammatikalischen Fehler enthielte. Und in dem Brief stünde: „Hinter all diesen Tippfehlern habe ich Sie in einer

Lotterie ausgewählt, um Ihnen eine Million Euro als Gewinn zukommen zu lassen." Interessieren Sie sich für die Fehler und Rechtschreibfehler? Nein. Sie schweben jetzt auf Wolke sieben vor Freude.

Nehmen Sie andererseits an, dass ich einen perfekten Brief auf bestem Papier abtippe. Keine Rechtschreib- oder Grammatikfehler. Ich sprühe auch etwas Parfüm darauf. Aber am Ende gebe ich mein Bestes, um Ihnen ein altes, baufälliges Gebäude in der Peripherie zu verkaufen. Interessiert Sie das jetzt? Oh nein.

Es kommt nicht darauf an, wie Sie es formulieren, sondern darauf, was Sie sagen.

Die Quintessenz ist: Es kann Ausnahmen geben, aber die Wahrheit bleibt, dass, wenn Sie sich darauf konzentrieren, Ihre Angebote mit einem wirklich unwiderstehlichen Angebot an Personen zu verteilen, die bereits gezeigt haben, dass sie an ähnlichen Produkten oder Dienstleistungen wie Ihren interessiert sind, Ihre Chancen auf einen Abschluss weitaus höher sind, als wenn Sie sich mit einem perfekt geschriebenen Verkaufsbrief nur an halbwegs oder gar nicht interessierte Personen wenden.

EIN MONSTER VON EINEM WERBEBRIEF

In den meisten Fällen produzieren die Vermarkter in ihren Werbebriefen ihre eigenen Monster (genau wie Dr. Frankenstein).

Werbebriefe funktionieren am besten, wenn Sie etwas zu verkaufen haben. Im Grunde läuft es auf Antworten wie diese hinaus: Was genau können Sie für mich tun? Warum glauben Sie, dass ich meine wertvolle Zeit damit verbringen sollte, einen Ihrer Briefe zu lesen? Schnell ... überzeugen Sie mich, dass ich das Produkt oder die Dienstleistung, die Sie mir anbieten, brauche.

Wenn Sie einen besseren Werbebrief erstellen, beginnen Sie damit, dass Sie nicht wie unser Dr. Frankenstein den falschen Kopf verwenden, sondern den richtigen KOPF.

Der richtige Kopf kann Ihren Werbebrief zum Erfolg führen oder zerstören. Konzentrieren Sie sich fest auf Ihren Zielmarkt. Gehen Sie ein großes Problem an, mit dem Ihre Zielgruppe konfrontiert ist (vorausgesetzt, Sie haben die Antwort darauf). Wenn Sie dies durch ein intelligentes Wortspiel erreichen können, dann sollten Sie es tun; wenn

Wortspiele jedoch nicht Ihr Ding sind, dann halten Sie es einfach und unkompliziert. Es gibt kein perfektes Maß für die Länge einer Überschrift, aber missbrauchen Sie keine Wörter. Beschränken Sie sich auf einen Satz.

Wenn Sie die Leser einmal mit Ihrer Überschrift gefesselt haben, lassen Sie sie nicht mehr weglaufen. Wie wir bereits gesehen haben, ist das P.S. einer der wichtigsten Teile Ihres Briefes. Verschwenden Sie Ihr P.S. also nicht mit unnützen Worten.

Sagen Sie etwas, das Ihren Leser dazu anregt, zum Anfang des Briefes zurückzukehren und weiterzulesen.

Der erste Absatz ist ebenfalls sehr wichtig, also kommen Sie direkt auf den Punkt. Zeigen Sie ihnen den Kern Ihres Angebots. Lassen Sie sie wissen, welches Vermögen sie machen werden oder wie bequem ihr Leben wird oder wie praktisch das Angebot ist und so weiter.

Wenn es Ihnen gelingt, den Leser durch Ihren ersten Absatz zu involvieren und bei ihm Interesse zu wecken, lassen Sie den Rest des Briefes die grundlegenden Fragen beantworten und sprechen Sie ihn auf die allgemeinen Sorgen an, die Ihr Leser haben könnte. Da Sie so hart gearbeitet haben, wäre es eine Schande, ihn wegen technischer Probleme zu verlieren.

Füllen Sie den Hauptteil Ihres Schreibens mit Vorteilen, nicht nur mit Eigenschaften. Ihr Nutzen und Ihre Merkmale müssen alle Fragen nach dem „Na und?" und „Warum Sie?" beantworten können.

Sprechen Sie mit Ihrer Zielgruppe in ihrer Sprache. Schreiben Sie informell. Stellen Sie Fragen und beantworten Sie sie. Gestalten Sie den Brief so klar und deutlich wie möglich. Verwenden Sie Humor, so viel Sie wollen, aber achten Sie darauf, dass er nicht fehlschlägt. Die Leser sollten Ihre Absichten auf keinen Fall missverstehen.

Jeder hat einen großen Zeitdruck. Aber was kann man tun? Man muss die Leser nur in der Mitte erreichen. Verwenden Sie Fettdruck und Hervorhebungen, um bestimmte Informationen zu markieren. Das weckt die Aufmerksamkeit der Leser und regt sie zum Weiterlesen an.

Jetzt haben Sie immer wieder betont, wie gut Ihr Produkt und Ihre Dienstleistungen sind. Aber warum sollte man Ihnen glauben? Und was tun Sie jetzt? Ganz einfach. Fügen Sie einige Zeugnisse zufriedener Kunden ein. Lassen Sie sie Ihren Interessenten sagen, wie gut Ihre Produkte oder Dienstleistungen sind. Testimonials sind ein einflussreiches Verkaufsinstrument, das Ihre Behauptungen als wahr bestätigt.

Wenn Sie alle möglichen Zweifel und Fragen geklärt haben, ist es an der Zeit, sich wieder von Ihrer besten Seite zu zeigen. Gehen Sie Ihr Angebot durch. Und wenn Sie können, bieten Sie eine Erfüllungsgarantie an. Wenn Sie eine Garantie anbieten, vermindern Sie das Misstrauen, das mit dem Kauf Ihres Produkts oder Ihrer Dienstleistung verbunden ist. Die Verbraucher sind ziemlich vorsichtig, und das gilt umso mehr, wenn sie im Internet einkaufen. Und Garantien geben Ihnen eine fast unmittelbare Vertrauenswürdigkeit bei möglichen Kunden. Garantien erhöhen den wahrgenommenen Wert.

Wenn Sie das Schreiben fertiggestellt haben, vergessen Sie es für eine Weile. So können Sie bei der Überarbeitung Ihres Briefes praktischer vorgehen.

Bevor Sie Ihr Mailing verschicken, sollten Sie den Markt testen. Passen Sie es entsprechend Ihrer Reaktion an. Verfolgen Sie anschließend die

Reaktionen, um sowohl das Schreiben als auch Ihre Zielgruppe weiter zu optimieren.

Ein Werbebrief wird niemals all Ihre Erwartungen erfüllen. Machen Sie mit Ihren anderen Marketingbemühungen weiter und vergessen Sie nicht, alle Leads, die durch Ihren Werbebrief entstanden sind, rasch weiterzuverfolgen.

Stellen Sie es mit Sorgfalt und Geschick zusammen. Ein guter Werbebrief zwingt Ihr Publikum, Ihnen gegenüber eine positive Reaktion zu zeigen.

Ihre Druckerei kann Ihnen dabei helfen, taktisch eine variable Druckkampagne zu erstellen, die die Vorteile der Personalisierung nutzt. Dabei müssen Sie den Wert eines guten Drucks erkennen. Das heißt, dass Sie einen guten Drucker und gutes Papier verwenden sollten. Auch wenn die tatsächlichen Kosten jedes Mailings höher sind, führt der bessere Ertrag jedes Mailings zu jeder Zeit zu einer höheren Investitionsrendite. Unterm Strich können gute Geschäftsdrucker Ihnen dabei helfen, Ihre Ziele für die Umsatzsteigerung ganz einfach zu erreichen.

Erstellen Sie ein angemessenes Budget. Versuchen Sie, die Kosten auf andere Weise zu kontrollieren. Versuchen Sie aber nicht, minderwertiges Papier und schlechte Tinte zu verwenden. Das verschlechtert den Eindruck des Lesers. Im Grunde genommen kommt es auf den Inhalt des Werbebriefs an und nicht auf den äußeren Glanz. Ebenso gilt, dass ein gutes Hochglanzpapier und eine glänzende Tinte die Chancen Ihres potenziellen Kunden, den Brief zu lesen, deutlich erhöhen.

STIMMT ES, DASS GUTE WERBEBRIEFE WIE GUTE VERKÄUFER SIND?

Überzeugen Sie sich selbst. Vergleichen Sie sie zunächst mit Zeitungsanzeigen, die für Verkäufer geschaltet werden. Die Eigenschaften, die Arbeitgeber bei Verkäufern suchen, sollten Sie auch in einem Anschreiben suchen.

1. Ist er ein Selbststarter?

Die besten Verkäufer brauchen nur ein Minimum an Anleitung. Sie sind selbst inspiriert. In ähnlicher Weise muss auch Ihr Werbebrief aus sich selbst heraus funktionieren. Wenn Sie wollen, dass Ihr Interessent aufgrund des Schreibens kauft, muss Ihr Anschreiben jeden Vorteil, jedes Merkmal, jedes Verkaufsversprechen, jeden Beweis und jede Garantie enthalten, die für den Verkaufsabschluss erforderlich sind.

2. Verfügt er über frühere Erfahrungen?

Die besten Verkäufer lernen aus ihren Fehlern. Das sollten auch Ihre Werbebriefe tun. Das Schreiben, das Sie versenden wollen, muss getestet werden, um sicherzustellen, dass Ihre Liste, Ihr Angebot, Ihre Vorstellung und Ihr Timing optimal sind.

3. Kann er gut unter Druck arbeiten?

Ihr Interessent ist beschäftigt und unkonzentriert. Ihr Brief wird höchstwahrscheinlich als Störung ankommen. Achten Sie also darauf, dass Ihr Brief die Konzentration Ihres potenziellen Käufers erregt und Ihr Verkaufsargument enthält.

4. Verfügt er über ausgezeichnete Kommunikationsfähigkeiten?

Stellen Sie sicher, dass Ihre Werbebriefe einfach und benutzerfreundlich sind. Sie sollten in der allgemeinen Sprache der Menschen sprechen.

5. Ist er energisch?

Ihre Werbebriefe müssen eine deutliche Lebendigkeit aufweisen.

6. Verfügt er über bewährte Organisationsfähigkeiten?

Ein Werbebrief sollte organisiert und strukturiert sein.

7. Ist er ein Teamplayer?

Gelegentlich ist Ihr Werbebrief nicht in der Lage, allein zu funktionieren. Wenn Ihr Anschreiben z. B. darauf abzielt, einen Lead zu erzeugen und keine Transaktion zu tätigen, muss es wahrscheinlich mit anderen Akteuren, wie Printanzeigen, Telefonmarketing, Plakatwerbung usw., zusammenarbeiten, um das gewünschte Ziel zu erreichen.

Sie müssen darauf achten, dass der Inhalt des Anschreibens mit den anderen Marketinginstrumenten gleichwertig ist.

8. Verfügt er über ausgezeichnete Fähigkeiten im Umgang mit Kunden?

Es stimmt zwar, dass Werbebriefe ein einseitiges Gespräch sind, aber Sie können sie so verfassen, dass sie eher wie ein zweiseitiges Gespräch wirken, oder? Je mehr Ihre Briefe einen warmen, menschlichen und echten Ton anschlagen, desto besser.

9. Nur ernsthafte Bewerber sollten sich bewerben

Bereiten Sie nur dann einen Werbebrief vor und versenden Sie ihn, wenn Sie ein Versprechen ernsthaft anbieten und es auch halten wollen.

10. Wie ein guter Verkäufer sollte auch ein guter Werbebrief immer geschlossene Fragen stellen, da diese es Ihnen ermöglichen, spezifische Antworten zu erhalten und den Verkauf abzuschließen. Geschlossene Fragen beginnen mit Verben, zum Beispiel „sind", „werden", „ist", „haben", „sind nicht", „haben nicht" und „werden nicht". Sie werden mit einem „Ja" oder „Nein" beantwortet. Sie verwenden diese Technik in der Regel, wenn Sie das Gespräch ankurbeln und präzise Antworten erhalten möchten, die Sie zum Geschäftsabschluss führen werden.

Sie können auch spezifischere Fragen stellen, etwa „Ist Ihnen klar, dass Sie ein Problem haben?", „Werden Sie diese Entscheidung in zwei Wochen treffen?", „Gefällt Ihnen mein Produkt oder meine Dienstleistung?", „Möchten Sie sofort damit beginnen?" oder „Sind Sie mit Ihrem derzeitigen Lieferanten zufrieden?". Solche Fragen zwingen den Interessenten, eine Entscheidung zu treffen.

Stellen Sie immer geschlossene Fragen in einem liebevollen, freundlichen und neugierigen Tonfall. Seien Sie immer gut erzogen und freundlich. Sie sollten niemals Gewalt oder Ausbeutung anwenden. Das funktioniert nie. Im Gegenteil, es wirkt sich negativ auf Ihre Sache aus. Sie verlieren an Glaubwürdigkeit.

DIE ZEHN GRUNDREGELN FÜR DAS SCHREIBEN EINES GUTEN WERBEBRIEFS

Für viele kleine Unternehmen ist ein Werbebrief das einzige Marketinginstrument. Sie haben vielleicht kein Budget für etwas anderes. Aber ein sorgfältig ausgearbeiteter Werbebrief kann sich wie von Zauberhand auf Ihren Umsatz und

Gewinn auswirken. Befolgen Sie einfach einige der unten aufgeführten Richtlinien und Sie werden sehen, wie Ihre Gewinne in die Höhe schnellen.

o **Sie müssen immer auf die Wünsche, Bedürfnisse und Sehnsüchte Ihrer potenziellen Kunden eingehen.** Versetzen Sie sich in die Lage des potenziellen Kunden, bevor Sie einen Werbebrief schreiben. Denken Sie daran, dass sie in dem Schreiben nach folgender Frage suchen: „Was genau ist für mich drin?" Sagen Sie ihnen also, was für sie drin ist.

o **Vermeiden Sie die Mentalität der Masse. Schreiben Sie an bestimmte Personen.** Schreiben Sie an eine echte und lebendige Person. Schreiben Sie den Brief so, als ob Sie an einen einzigen Freund und nicht an Tausende von Menschen schreiben würden.

o **Menschen kaufen Nutzen und nicht Merkmale.** Sie sollten damit beginnen, den Nutzen von den Merkmalen zu unterscheiden. Der Werbebrief sollte in der Lage sein, den Leser dazu zu bewegen, Ihre Produkte zu kaufen, und zwar auf der Grundlage des Nutzens, den das Produkt/die Dienstleistung bietet, und nicht auf der Grundlage der

Merkmale. Es ist der Nutzen, den die Käufer kaufen, und nicht nur das Merkmal für sich genommen.

o **Fesseln Sie Ihre Leser schon mit der ersten Zeile**. Sie müssen jederzeit mit mehreren unaufgeforderten Mails konkurrieren. Deshalb sollte Ihr Brief knackig und einprägsam sein. Die Überschrift sollte den Leser dazu bringen, die erste Zeile zu lesen, die erste Zeile sollte ihn dazu bringen, die zweite Zeile zu lesen, und so weiter.

o **Versorgen Sie den Leser mit spezifischen und relevanten Informationen.** Gehen Sie nicht endlos auf ein Produkt oder eine Dienstleistung ein.

Drehen Sie sich nicht im Kreis. Nennen Sie konkrete Vorteile und sagen Sie, wie das Leben des Lesers durch die angebotenen Vorteile einfacher wird.

o **Ihr Werbebrief muss verkaufen**. Das grundlegende Ziel Ihres Werbebriefs ist es, zu verkaufen, nicht wahr? Er muss verkaufen. Und um zu verkaufen, muss er in einem unterhaltsamen Ton geschrieben sein. Sprechen Sie mit Ihrem potenziellen Kunden in einer klaren und freundlichen Art und Weise. Verzichten Sie auf eine ausschmückende Sprache und betrachten Sie die grundlegenden Grammatikregeln als optional.

o **Testen Sie Ihr Anschreiben.** Versuchen Sie, sich selbst zu fragen, ob Sie, wenn Ihnen jemand denselben Brief schreiben würde, so überzeugt wären, dass Sie Ihr hart verdientes Geld dafür ausgeben würden.

o **Gestalten Sie das Anschreiben so lang wie nötig.** Es gibt nichts, was zu lang oder zu kurz ist. Das Wichtigste ist der Interessenfaktor. Der Werbebrief sollte interessant und ansprechend sein.

o **Achten Sie auf die Ästhetik.** Verwenden Sie benutzerfreundliche Schriftarten und Vorlagen, die das Dokument optisch ansprechend gestalten. Verwenden Sie Aufzählungszeichen und Textmarker, um die Übersichtlichkeit zu erhöhen. Versuchen Sie, keine Seite außer der letzten Seite mit einem vollständigen Satz zu beenden. Die meisten Zeitungen wenden diese Taktik an. Wenn Sie die Seite nicht mit einem vollständigen Satz abschließen, wird der Leser automatisch zur nächsten Seite navigieren, um sie zu vervollständigen.

o **Sagen Sie dem Leser genau, was er tun soll.** Was soll der Leser als Nächstes tun? Soll er eine Antwortkarte einschicken? Oder soll er eine

Bestellung aufgeben? Oder für weitere Informationen anrufen? Einen Termin vereinbaren? Informieren Sie ihn entsprechend. Gehen Sie nicht davon aus, dass er es schon weiß. Es ist erstaunlich, wie viele Werbebriefe es versäumen, den Leser über den nächsten Schritt zu informieren. Sie gehen davon aus, dass der Leser ein Gedankenleser ist. Aber leider ist das nicht der Fall.

FÜNF NÜTZLICHE GEHEIMNISSE EINES WIRKSAMEN WERBEBRIEFS

Der Unterschied zwischen einem durchschnittlichen Verkaufsbrief und einem effektiven Verkaufsbrief ist das Ergebnis, das er erzielt. Wie bereits erläutert, ist es nicht allzu schwierig, einen millionenschweren Werbebrief zu schreiben. Sie müssen nur ein paar Tipps und Richtlinien befolgen.

Hier sind fünf weitere Insider-Geheimnisse für das Schreiben eines „Killer"-Verkaufsbriefs.

1. Verbringen Sie jeden Tag ein paar Stunden damit, einige der effektivsten Werbebriefe aller

Zeiten durchzugehen. Versuchen Sie, die Feinheiten zu lernen. Versuchen Sie, zu erkennen, wie sie die Überschrift verwenden und wie der einleitende Absatz aufgebaut ist. Achten Sie auf den Stil, die Struktur und so weiter.

2. Sie sollten auch alle besten Werbebriefe, die Sie finden, sammeln und ein Notizbuch daraus erstellen. Wenn Sie sich dann hinsetzen, um einen Werbebrief zu schreiben, können Sie Ihr Notizbuch mit Werbebriefen durchblättern, um Ideen für Ihr Projekt zu bekommen. Kopieren Sie diese Briefe nicht. Dies würde als Plagiat betrachtet werden. Nehmen Sie nur die grundlegenden Ideen heraus und fügen Sie sie in Ihre eigenen Worte.

3. Recherchieren Sie Ihre potenziellen Zielpersonen, bis Sie alles über sie wissen. Sie müssen ihre Wünsche, ihre Sehnsüchte, ihre Träume und ihre Bestrebungen kennen. Sie müssen wissen, was sie motiviert und was nicht. Wenn Sie das wissen, wird es Ihnen viel leichter fallen, einen Werbebrief zu schreiben, der eine positive Wirkung auf sie hat. Ihre Briefe müssen personalisiert sein.

4. Lernen Sie, sich zu entspannen, nachdem Sie Ihren potenziellen Kunden untersucht haben. Sobald Sie Ihre Nachforschungen über den Kunden abgeschlossen haben, vergessen Sie das Ganze für einen oder zwei Tage. So können Sie beim Verfassen Ihres Schreibens praktischer vorgehen.

5. Es gibt nur einen Weg, wie Sie herausfinden können, ob ein Werbebrief erfolgreich ist oder nicht. Er muss einem Test unterzogen werden. Sie müssen ihn an eine Reihe Ihrer potenziellen Kunden schicken, um zu sehen, ob er Fortschritte

macht oder nicht. Wenn ja, dann großartig, wenn nicht, müssen Sie wieder bei null anfangen und Ihren Verstand einschalten.

STEIGERN EMOTIONAL AUFGELADENE WERBEBRIEFE DEN UMSATZ?

Sind Sie verärgert darüber, dass Ihr Werbebrief nicht richtig ankommt? Wissen Sie nicht mehr weiter, wie Sie den Umsatz mit Ihrem Werbebrief steigern können?

Wenn die Antwort auf die obigen Fragen positiv ausfällt, dann würde ich vorschlagen, dass die Lösung für Ihre tristen Ergebnisse in einem einzigen, aber mächtigen Wort enthalten ist – Emotion. Wie Sie vielleicht schon erkannt haben, werden

Kaufentscheidungen auf der Grundlage von Emotionen getroffen. Das Anschreiben muss auf den Gefühlen des Lesers aufbauen und ihn zum Handeln motivieren. Der Brief sollte versuchen, die „Hot Buttons" oder emotionalen Druckpunkte anzusprechen, die den Leser zum Kauf bewegen werden. Die beiden wichtigsten Motivationsfaktoren sind das Versprechen eines Gewinns und die Angst vor Verlust.

Wie können Sie also mehr Emotionen in Ihre Werbebriefe einbauen und so die Verkaufsfähigkeit Ihrer Texte erhöhen? Hier sind ein paar Beispiele.

1) Erzeugen Sie Ach-Momente: Versuchen Sie, sich in den Kopf des Lesers hineinzuversetzen. Konzentrieren Sie sich auf das Problem, das der Leser hat. Zeigen Sie ihm auf, dass er aufgrund dieses Problems festgefahren, irritiert, besorgt und nicht in der Lage ist, seine wirklichen Bedürfnisse zu erfüllen. Sie müssen ihr offensichtliches Problem aufrühren und es schlechter erscheinen lassen, als es tatsächlich ist.

2) Aufmerksamkeitserregende Geschichten: Geschichten sind äußerst erfolgreich, wenn es darum geht, Gefühle anzusprechen. Wenn Sie eine

Katastrophe sehen, werden Sie sich elend fühlen. Sieht man einen Science-Fiction-Film, wird man mit ziemlicher Sicherheit mitfiebern.

Wenn Sie sich einen Horrorfilm ansehen, werden Sie sich erschrecken. Fügen Sie also Geschichten in Ihre Briefe ein, die die Erwartung wecken, ein Hindernis zu überwinden, Schwierigkeiten zu vermeiden oder ein Ziel zu erreichen. Sie können auch Geschichten darüber einbauen, was jemandem passiert ist, der Ihr Produkt nicht ausprobiert hat, um sein Problem zu lösen. Diese Art von Geschichte erzeugt die Angst vor Verlust, die bei den meisten Menschen stärker ist als der Wunsch

nach Gewinn. Erzählen Sie eine Geschichte über eine Person, mit der sich Ihre Leser ohne Probleme identifizieren können.

3) Verwenden Sie Emotionen und nicht Logik: Es stimmt, dass einige Wörter stärkere Emotionen auslösen als andere. Sie sollten Ihren Zielmarkt analysieren und herausfinden, auf welche Schlüsselwörter Ihre Interessenten tatsächlich reagieren. Wichtig ist dabei, dass fast jedes einzelne Wort eine emotionale Komponente enthält. Wenn Ihr Angebot gewinnorientiert ist, dann werden Wörter und Sätze wie „Geld", „schnell reich

werden", „Millionen Euro" und „von zu Hause aus
verdienen" Ihre Leser anregen. Wählen Sie fünf
oder sechs Schlüsselwörter, die beim Leser die ge-
wünschten Emotionen hervorrufen, und platzie-
ren Sie sie geschickt im Verkaufstext, um eine
emotionale Reaktion hervorzurufen.

Wie ich bereits gesagt habe, gibt es unzählige
Möglichkeiten, Emotionen in Ihr Anschreiben zu
bringen. Es gibt eine Vielzahl von Emotionen. Sie
können sicherlich nicht all diese Emotionen in Ihrem Werbebrief unterbringen. Die meisten Werbebriefe zielen auf eine oder zwei Hauptemotio-
nen ab und appellieren dann an ein paar weitere.
Je mehr Gefühle Sie in Ihren Text einfließen lassen
können, desto überzeugender wird Ihr Schreiben
sein.

Ihr Verkaufsbrief sollte methodisch die Vorteile Ihres Produkts oder Ihrer Dienstleistung erklären. Gleichzeitig sollte Ihr Produkt oder Ihre
Dienstleistung ein Problem lösen, über das Ihre
potenziellen Kunden gestolpert sind. In Wirklichkeit muss jeder erfolgreiche Werbebrief ein echtes
Bedürfnis befriedigen.

Das richtige Anschreiben sollte von Anfang
an Vertrauen schaffen und durchgehend eine

motivierende Geschichte erzählen. Dies ist keine Garantie für einen sofortigen Verkauf, sondern der Beginn einer auf Vertrauen basierenden Beziehung.

Natürlich müssen Sie Emotionen moralisch und vernünftig einsetzen. Wenn Sie vorhaben, sie einzusetzen, denken Sie eine Weile nach und fragen Sie sich, wie Sie reagieren würden, wenn jemand anderes diese Art von Kommunikation an Sie richten würde. Dies wird Ihnen bei der Entscheidung über Ihr Vorgehen helfen. Testmarketing in jeder Phase ist wichtig, um den „perfekten" Werbebrief zu schreiben.

WELCHE WÖRTER SIE NIEMALS IN EINEM WERBEBRIEF VERWENDEN SOLLTEN

Es kann vorkommen, dass Sie noch so viele Verkaufsangebote verschicken, die Wirkung ist gleich null. Wissen Sie genau, warum die Leute Ihr Produkt nicht kaufen wollen? Haben Sie sich schon einmal darüber gewundert, warum Ihre Konkurrenten mehr Umsatz machen, obwohl sie ein miserables Produkt anzubieten haben?

Vielleicht haben Sie das Gefühl, dass die Leute einfach kein Interesse daran haben, Ihr Produkt oder Ihre Dienstleistung zu kaufen. Vielleicht haben Sie auch das Gefühl, dass Ihr Preis zu hoch ist. Oder, noch schlimmer, Sie haben das Gefühl, dass Ihr Produkt oder Ihre Dienstleistung nutzlos ist, und beschließen, ganz aufzuhören oder vielleicht die Branche zu wechseln.

Hier müssen Sie eine Weile innehalten und nachdenken. Liegt es vielleicht nicht an Ihrem Produkt? Manchmal ist es Ihr eigenes Anschreiben, das sich als Hauptschuldiger herausstellt. Vielleicht haben Sie unwissentlich bestimmte Worte verwendet, die bei Ihrem Interessenten das Gegenteil bewirken.

Was sind nun genau die schlechten oder bösen Worte, die Sie auf keinen Fall in Ihrem Werbebrief verwenden sollten?

1) Kaufen. Fordern Sie niemals Menschen auf, ihr Portemonnaie zu zücken und ihre hart verdienten Euros auszugeben. Denken Sie daran, dass die meisten Menschen misstrauisch werden, sobald sie dieses Wort sehen. Egal, in welchem Geschäft Sie tätig sind, die Verwendung dieses Wortes kann Ihr Geschäft in kürzester Zeit zunichtemachen.

Anstatt das Wort „kaufen" zu verwenden, sollten Sie es zu „erhalten" oder „investieren" ändern.

2) Lernen. Dieser Begriff erinnert die Menschen sicher an die alten Zeiten, als sie in der Schule lernen und lernen mussten. Glauben Sie mir, niemand ist daran interessiert, sich das Hirn zu zermartern, wie er es als Schüler tat. Heutzutage wollen die Menschen schnelle Informationen und haben keine Zeit zum Lernen. Es ist besser, das Wort „herausfinden" anstelle von „lernen" zu verwenden.

3) Sagen Sie es. Die Leute werden Ihnen keine Aufmerksamkeit schenken, wenn sie Sie nicht identifizieren können. Schauen Sie sich diese beiden Sätze genau an: „Ich will Ihnen nur sagen, wie Sie in einer Woche abnehmen können" und „Ich will Ihnen verraten, wie Sie in einer Woche abnehmen können." Welche Aussage wird Ihrer Meinung nach mehr Wirkung zeigen?

4) Dinge. Wenn Sie dieses Wort verwenden, wird Ihr Werbebrief sehr langweilig und uninteressant zu lesen sein. Anstelle des Wortes „Dinge" sollten Sie es zu „Tipps", „Tricks" oder „Techniken" ändern. Glauben Sie mir, das garantiert eine bessere und offenere Einstellung.

5) Das Zeug. Das ist das Wort, das die meisten Vermarkter verwenden, um zu erklären, wie großartig das Produkt ist. Vergleichen Sie diese beiden Sätze: „Rufen Sie uns an, um fabelhafte Sachen zu erhalten" und „Rufen Sie uns an, um fabelhafte Geschenke zu erhalten." Was glauben Sie, welcher Satz würde mehr Reaktionen hervorrufen?

Jeder Werbebrief enthält ein bestimmtes Vokabular, das den emotionalen Kaufimpuls in Ihnen auslösen soll. Diese Sprache muss mit Bedacht eingesetzt werden.

Schauen Sie genau hin; in den Verkaufsbriefen, in denen Ihnen einige „Get-Rich-Quick"-Unternehmungen verkauft werden, werden Sie auf bestimmte Wörter wie **„schlüsselfertig"** stoßen. Das bedeutet, dass das Unternehmen, an dem Sie sich beteiligen sollen, sofort einsatzbereit ist und dass Sie keine oder nur wenig Arbeit leisten müssen, um einen Gewinn zu erzielen. Meistens wird dieses Wort in den Verkaufsbriefen jedoch verwendet, um Software zu erklären, die Sie noch installieren, erlernen und bedienen müssen, um die angebotene Dienstleistung oder das Produkt zu schätzen. Das ist nicht richtig.

Seien Sie sich der Worte „**könnte**" und „**so-fort reich werden**" sehr bewusst. Sie könnten bis zu 100 bis 1000 $ monatlich verdienen. Schätzen Sie ein, was jemand, der sich Ihrem Partnerpro-gramm anschließt, normalerweise verdient. Ver-suchen Sie nicht, in die Irre zu führen oder zu bluf-fen. Obwohl diese Worte sofortige Reaktionen hervorrufen, dürfen Sie sie nur verwenden, wenn Sie es auch so meinen. Denken Sie daran, dass es absolut keine Abkürzung zum Erfolg gibt. Versu-chen Sie es also nicht.

Der Erfolg eines Verkaufsbriefs hängt vor al-lem von den Worten ab, die Sie verwenden, und davon, wie Sie sie gestalten, um Ihren Zweck zu erfüllen. Noch einmal: Sie müssen kein Experte sein.

Sie müssen nur einfaches Deutsch in einem freundlichen und gesprächigen Tonfall schreiben, um einen wirksamen Werbebrief zu verfassen.

WEGE, UM REPUTATION AUFZUBAUEN

Hier sind einige Methoden, um ein gutes Verhält-nis aufzubauen:

• In Werbebriefen können wir häufig einige Aussagen machen, die klare Ja-Fragen sind.

Zum Beispiel:
Sie wissen, wie wichtig das für Sie ist, nicht wahr?
Verdienen Sie nicht das Beste?
Ist das nicht der beste Zeitpunkt, um damit zu beginnen?
Das Hinzufügen eines Fragezeichens im Gegensatz zu einem Punkt ist immer noch diskussionswürdig, also verwenden Sie das, was Sie für Ihre Situation für am besten halten. Ihr Ziel ist es, dass Ihr Interessent Ihnen zustimmt und tut, was Sie sagen. Spielen Sie mit seinen Gefühlen.

• Eine andere Methode ist, analog zu der oben genannten Technik, Zeugnisse von zufriedenen Kunden einzubeziehen. Sie sind sehr nützlich, um den wahrgenommenen Wert zu steigern. Aber verwenden Sie echte Zeugnisse. Versuchen Sie nicht, zu bluffen.

Spiegeln ist eine weitere Methode, bei der Sie sich in Aussehen, Tonfall und Jargon an Ihre potenziellen Kunden anlehnen, die sie gut kennen. Sie werden zum Beispiel nicht mit einem Arzt sprechen, sondern mit einem Buchhalter oder Eventmanager.

Reputation ist dem Aufbau von Glaubwürdigkeit sehr ähnlich. Der Hauptunterschied zwischen der Vermittlung von Glaubwürdigkeit und dem Aufbau einer Bindung besteht darin, dass Ihr Interessent Ihnen vielleicht vertraut, aber nicht offen genug ist, um sein hart verdientes Geld für Ihr Produkt oder Ihre Dienstleistung auszugeben. Tatsache ist, dass die Menschen denjenigen vertrauen, die ihnen ähnlicher sind als sie selbst.

Kapitel 4 – Abschluss der Arbeiten

ABSCHLIEßENDE CHECKLISTE FÜR EINEN WERBEBRIEF

o Es ist besser, den Namen und den Titel des Interessenten zu verwenden.

o Versuchen Sie, das Anschreiben benutzerfreundlich und besonders zu gestalten.

o Verwenden Sie Anekdoten, Slogans und einprägsame Überschriften.

o Versuchen Sie, so zu schreiben, wie Sie normalerweise sprechen. Lesen Sie Ihren ersten Entwurf laut vor, um zu sehen, ob er einen klaren und freien Redefluss hat.

o Fassen Sie Ihre Absätze kurz und verwenden Sie eine unkomplizierte Sprache. Sprechen Sie im Jargon der Zielgruppe.

o Wenn Sie den Brief fertiggestellt haben, vergessen Sie ihn eine Zeit lang. Das wird Ihnen helfen, bei der Überarbeitung Ihres Briefes praktischer zu sein.

o Bitten Sie Freunde und Verwandte um Kritik und Kommentare zu Ihren Werbebriefen.

o Halten Sie sich zwar an ein Standardformat, aber entscheiden Sie sich für etwas Auffälliges, z. B. buntes Papier.

o Verwenden Sie eine benutzerfreundliche Schriftart.

o Verwenden Sie immer P.S. oder P.P.S., um Aufmerksamkeit zu erregen.

o Nutzen Sie Zeugnisse, wann immer möglich, um Ihre Glaubwürdigkeit zu erhöhen.

o Machen Sie ein echtes und unwiderstehliches Angebot.

o Versenden Sie ein paar Erinnerungsschreiben.

o Bieten Sie eine „Jetzt handeln"-Option in Bezug auf Fristen, kostenlose Angebote, begrenzte Bestände usw. an.

o Sagen Sie den Lesern, was sie als Nächstes tun sollen. Gehen Sie nicht davon aus, dass Ihre potenziellen Kunden es schon genau wissen.

o Gestalten Sie Ihr Anschreiben eindringlich, spannend und ansprechend.

o Verwenden Sie provokante und einprägsame Slogans, etwas, das anzieht.

o Wann immer möglich, sollten Sie eine Geld-zurück- oder Zufriedenheitsgarantie anbieten.

o Fügen Sie eine Antwortkarte, eine Telefonnummer und/oder eine URL bei.

o Machen Sie es kurz und bündig, präzise und prägnant.

o Wenn Sie Ihren Brief uneben machen, wird er mit größerer Wahrscheinlichkeit geöffnet, denn das erhöht den Neugierfaktor. Sie können Gummibänder, Wattebällchen und andere schwammige Dinge verwenden, um die Post von innen holprig zu machen.

o Sie können die Leserschaft erhöhen, wenn Sie jeden Umschlag von Hand adressieren. Prüfen Sie jedoch, ob Ihr Budget dies zulässt. Wenn nicht, sollten Sie es nicht übertreiben.

o Verzichten Sie darauf, Ihren Umschlag mit einem Firmenlogo zu versehen, da dies das Öffnungsverhältnis verschlechtert.

Unternehmen sind ständig auf der Suche nach Möglichkeiten, ihre Marketingergebnisse zu verbessern, und dies erfordert eine individuellere, gezieltere Methode. Ein gut formuliertes und zielgerichtetes Anschreiben trägt wesentlich zur Steigerung Ihres Verkaufswertes bei. Wenn Sie dem Interessenten das Gefühl geben können, dass Sie sich wirklich in ihn hineinversetzen und sein Problem wirklich lösen wollen, dann ist fast die ganze Schlacht schon gewonnen. Sie müssen nur ein paar Tipps und Vorlagen befolgen, um ein spektakuläres Anschreiben zu verfassen, das Ihren Zweck erfüllt.

SCHLUSSWORT

Inzwischen sind Sie mit allen Aspekten der Gestaltung eines guten Werbebriefs vertraut. Lassen Sie uns einfach ein paar grundlegende Parameter eines effektiven Werbebriefs durchgehen.

1. Ein Werbebrief muss Hoffnung machen, um wirksam zu sein. Die Menschen stehen heute immer unter Zeitdruck. Deshalb sind sie ständig auf der Suche nach Produkten und Dienstleistungen, die ihr Leben bequem und komfortabel machen. Erwecken Sie also immer wieder Hoffnung.

2. Schaffen Sie ein Gefühl der Dringlichkeit. Um die Menschen zum Handeln zu bewegen, müssen Sie dem Angebot Anreize hinzufügen. Sie können ein Gefühl der Verknappung erzeugen, indem Sie Ihren Leser darüber informieren, dass entweder der Vorrat begrenzt ist oder dass Ihr bestehendes Angebot nur für einen begrenzten Zeitraum gültig ist.

3. Zeigen Sie sich als Experte für das Thema. Wenn Ihnen das gelingt, ist die Wahrscheinlichkeit, dass Ihre Kunden das, was Sie zu verkaufen haben, auch kaufen, sehr viel größer. Gestalten Sie Ihren Verkaufsbrief so, dass der Eindruck entsteht, dass Sie nur versuchen, anderen zu helfen, und dass Sie nicht wirklich von dem Verkauf profitieren.

4. Geben Sie vor, unvoreingenommen zu sein, wenn Sie Ihr Anschreiben verfassen. Menschen hassen es, von Verkäufern zum Kauf gedrängt zu werden. Sie fühlen sich betrogen, auch wenn es in Wirklichkeit nicht so ist. Wenn es Ihnen also gelingt, sie davon zu überzeugen, dass Sie ihnen nur helfen wollen, herauszufinden, was sie brauchen und wie sie vorgehen sollen, ist Ihre Aufgabe fast erledigt. Sie können davon ausgehen, dass sie Ihnen ihr Portemonnaie öffnen werden.

5. Überzeugen Sie Ihren potenziellen Kunden mit Angst. Dies ist das stärkste Gefühl, das Sie zu Ihrem Vorteil nutzen können. Versuchen Sie, sich in den Kopf des Lesers hineinzuversetzen. Konzentrieren Sie sich auf das Problem, das der Leser hat. Zeigen Sie ihm auf, dass er aufgrund dieses Problems nicht weiterkommt, irritiert ist, sich Sorgen macht und nicht in der Lage ist, seine

ehrlichen Bedürfnisse zu erfüllen. Sie müssen sein offensichtliches Problem aufrühren und es besser erscheinen lassen, als es tatsächlich ist. Dann

sagen Sie ihm, wie er in Schwierigkeiten geraten kann, wenn er nichts dagegen unternimmt. Und dann zeigen Sie ihm, wie Ihr Produkt oder

Ihre Dienstleistung ihm helfen wird, das Problem zu lösen.

6. Versuchen Sie, anders zu sein. Sie müssen sich von der Masse abheben. Warum sollte sonst jemand bei Ihnen kaufen? Der beste Weg ist vielleicht, Ihren Interessenten zu sagen, dass sie das Produkt oder die Dienstleistung, die Sie ihnen verkaufen, nicht kaufen sollen. Ja, das hört sich sehr dumm an, ist es aber nicht. Sagen Sie Ihren Lesern, sie sollen die Produkte und Dienstleistungen Ihrer Konkurrenten kaufen. Nur wenn sie mit deren Angebot nicht zufrieden sind, sollten sie Ihre Produkte oder Dienstleistungen ausprobieren.

Das erfolgreiche Verfassen von Werbebriefen ist für den Inhaber oder Unternehmer eines Internetgeschäfts von entscheidender Bedeutung. Gewinne werden auf der Grundlage des Schreibens von Verkaufsbriefen generiert und verloren. Egal, wie wunderbar Ihr Produkt ist, wenn Sie es nicht schaffen, es Ihren potenziellen Käufern zu vermitteln und sie zu überzeugen, Ihr Produkt zu kaufen, werden Sie es nicht schaffen. Lernen Sie also, die Vorteile Ihrer Produkte oder Dienstleistungen zu formulieren.

Sie müssen kein großartiger Autor sein, um erfolgreiche Werbebriefe zu verfassen. Alles, was Sie wissen müssen, ist, wie man an Menschen verkauft. Sie müssen sich in Ihren potenziellen Käufer hineinversetzen und sich antrainieren, wie er zu denken.

Jetzt kennen Sie die Regeln des Spiels. Wenn Sie diese Tipps und Richtlinien anwenden, wird Ihr Verkaufsbrief mit Sicherheit einen entspannten und leichten Lesefluss haben, der Ihre potenziellen Kunden zum Lesen anhält und Ihnen schließlich Gewinne einbringt.

Herstellung und Verlag:

BoD – Books on Demand, Norderstedt

ISBN: 9783756809257

1. Auflage

Kontakt: Psiana eCom UG/ Berumer Str. 44/ 26844 Jemgum

Covergestaltung: Fenna Larsson

Coverfoto: depositphotos.com